Märzhasen

Harold Frederic

Writat

Diese Ausgabe erschien im Jahr 2024

ISBN: 9789359942308

Herausgegeben von
Writat
E-Mail: info@writat.com

Inhalt

KAPITEL I.

Am Morgen seines dreißigsten Geburtstages lehnte Mr. David Mosscrop an der niedrigen Steinbrüstung der Westminster Bridge und beobachtete ausführlich die unermüdliche Prozession seiner Mitmenschen, die an ihm vorbei nach Norden in die höfliche Hälfte der Londoner Stadt stapfte.

Er war in melancholischer Stimmung auf die Brücke gekommen und hatte zunächst düster innegehalten, um auf das Wasser hinunterzuschauen. Seine Gedanken waren eine Last für ihn und sein Kopf schmerzte fürchterlich. Das war keine neue Erfahrung an einem Morgen, Pech gehabt; er hatte sich an diese schlechten Öffnungszeiten mit Depressionen und Übelkeit gewöhnt. Die Tatsache, dass es sein Geburtstag war, gab seinen Überlegungen jedoch einen unangenehmen Anstrich. Er hatte tatsächlich die Schwelle der dreißiger Jahre überschritten und stand diesem neuen Glanz mehr als mit leeren Händen gegenüber. Er hatte nichts von den großen Dingen getan, die seine Jugend versprochen hatte. Er hatte noch nicht einmal den Weg in hilfsbereite und saubere Gesellschaft gefunden. Die Erinnerung an die Menschen, mit denen er heutzutage seine Zeit verbrachte – insbesondere die Erinnerung an die Verschwender und Narren, mit denen er gestern aufgebrochen war, um den Vorabend seines Jubiläums zu feiern – machte ihn krank. Er starrte auf die langsam fließende Flut und fragte sich wütend, warum ein Mann von dreißig Jahren, der nichts gelernt hatte, was es wert war, gelernt zu werden, auch nichts erreichte, was sich lohnte; Wer nicht einmal genug wusste, um über Nacht nüchtern zu bleiben, sollte nicht wie Müll in den Fluss geworfen werden.

Der Impuls, über die Brüstung zu springen, hing irgendwo in der Nähe seines Bewusstseins. Seine Gedanken berührten es fast, als seine Augen auf der breiten, undurchsichtigen Masse des wogenden, tristen Wassers verweilten. Er sagte sich, dass er der Möglichkeit eines vorsätzlichen Selbstmords noch nie so nahe gewesen sei wie in diesem Moment.

Er ließ zu, dass der Gedanke keine konkretere Gestalt annahm, sondern grübelte eine Weile über die Tatsache nach, dass er vage formlos in seinem Hinterkopf lag und bereit war, nach seinem Willen ins Leben zu treten. Natürlich wollte er nichts sagen: Es war nur interessant, daran zu denken, dass er sozusagen auf derselben Straße war wie der Geist des Selbstmordes.

Nach einer Weile schien die Wirkung dieses stetig treibenden Gewässers seine Sehkraft zu beruhigen. Er wurde sich sowohl geistiger Störungen als auch körperlichen Ekels weniger bewusst. Dann stand er auf, gähnte und warf einen Blick auf den großen Glockenturm, dessen zögerliche Zeiger immer noch an der unvernünftigen Zeit von sieben Uhr festhielten. Aus irgendeinem Grund fühlte er sich viel besser. Die Sensation war sehr willkommen. Er atmete tief und zufrieden ein, lehnte sich mit dem Rücken an das Mauerwerk und beobachtete die vorbeiziehenden Menschen. Durch einen plötzlichen Stimmungsumschwung stellte er plötzlich fest, dass ihm das Übermaß der Nacht nun einen Ausgleich bot. Sein Gehirn war äußerst klar und bediente ihn, nachdem die Hefe des Getränks verschwunden war, mit einer eifrigen und fast flatternden Schärfe, der es angenehm zu folgen war.

Mit größter Aufmerksamkeit beobachtete er die unterschiedlichen Typen von Arbeitern, Verkäuferinnen, Angestellten und Verkäufern, die in der Menschenmenge vorbeimarschierten, und widmete jedem einzelnen einen passenden Kommentar im Geiste, einige rätselhafte Vermutungen über ihre Geschichte oder einen Anflug von Spekulationen darüber ihre Zukunft. Das augenblickliche Spiel seiner Fantasie zwischen diesen umherhuschenden Gegenständen sorgte für große Abwechslung. Er tobte darin – und während sie Seite an Seite entlangtrotteten, erkannte er den Buchhalter, der wahrscheinlich zu wenig Buchhaltung hatte, den Kellner, der die falschen Pferde geritten hatte, die Bardame mit dem Gesicht des Seraphs, die beim Mittagessen ungerührt zuhörte zum Gespräch von Stadtmännern, die geeignet sind, einen Hafenarbeiter zu revoltieren . Es war in der Tat so gut wie ein Theaterstück, diese wunderbare Ansammlung menschlicher dramatischer Möglichkeiten, die unermüdlich vor ihm aufstiegen. Er wunderte sich, dass er noch nie daran gedacht hatte, es zu sehen.

Von amüsanten Details wandte sich sein Geist größeren Vorstellungen zu. Er dachte an das Geheimnis der riesigen Londoner Wirtschaft; von all seinen Millionen, die stumm, ohne Anleitung , fast wie Automaten, ihre zugewiesenen Teile in der seltsamen Maschinerie spielen, mit der täglich so viele Herden Schlachtvieh, so viele tausend Tonnen Lebensmittel und Lastwagen voller Kleidung, Kohlen und Öl hereingebracht werden, und Babylons Produkte wurden als Ausgleich für die Rückzahlung erneut verschickt. Das Wunder, dass diese riesigen Waagschalen immer ausgeglichen blieben, dass Londons immer gieriger Bauch und das Land nie nachließen, drängte sich in seiner Fantasie auf. Dann unterdrückte er ein weiteres Gähnen und kam zu dem Schluss, dass ein Gehirn, das zu solchen Flügen fähig ist, ein besseres Schicksal verdient hätte, als von einer schmutzigen Flut gegen einen schleimbefleckten Kaihaufen am Flussufer geschleudert zu werden. Ja, und es war auch ein edleres Los im Leben, als jeden Abend mit einem giftigen Getränk durchnässt zu werden. Er würde entschieden auf Entlassungen verzichten und ein sauberes Leben führen.

Im Glockenturm schlug die Stunde. Der Klang der großen Glocke schwoll hoffnungsvoll an, als er es hörte. Der Glockenschlag des vorangegangenen Quartals hatte ihn traurig gemacht, weil er darin das Geläut von dreißig vergeudeten Jahren hörte. Die lautere Resonanz hatte nun eine andere Bedeutung. Ein Geburtstag enthüllte ein neues Blatt und lehnte ein altes ab. Die Zwanzigerjahre lagen hinter ihm und zweifellos waren sie nicht schön. Sehr gut; er richtete seinen Angriff auf sie. Die dreißiger Jahre lagen alle vor ihm; und als Big Ben seinen tiefen Lärm von sich gab , richtete er sich auf und drehte sich um, um ihnen selbstbewusst ins Gesicht zu schauen.

Sein Blick fiel auf die Gestalt einer jungen Frau, die in einem kleinen Strudel der Abgeschiedenheit von der Menschenmenge etwa ein paar Meter entfernt auf sie zukam. Schon in diesem Moment war ihm das Gefühl bewusst, dass sein Blick sie nicht zufällig von den anderen unterschieden hatte; es war tatsächlich, als gäbe es keine anderen. In der konzentrierten Prüfung, mit der er sie beobachtete, lag ein Gefühl von Zwang. Seine Wahrnehmungen rasten, um sie zu treffen und einzuhüllen.

Sie war fast schon groß, und in der Haltung nutzte sie ihre Zentimeter optimal aus. Sie hatte viele auffällige gelbe Haare, die in der Fülle blass flachsblond waren, aber mit zitronengelben Reflexen um die Brauen gestreift waren. Er dachte, es sei gefärbt, und wusste es im selben Atemzug besser. Er meisterte die Wirkung ihres schönen Gesichts – mit seinen regelmäßigen Konturen, seinen selbstbewussten Augen, seinem zierlichen Rosenblatt-Kinn, das vertrauensvoll über einem breiten, weißen Hals hervorragte – und das alles in einem unbenannten Sekundenbruchteil.

Der Eindruck von ihr erfüllte jeden Winkel seines Geistes. Er versuchte darüber nachzudenken, wer und was sie war, baute aber nur Gerüste aus Vermutungen auf, um sie wieder niederzureißen. Sie war ein Mädchen, das in einem großen Laden in der Regent Street Mäntel und Kleider anprobierte: Nein, der Mangel an Würde in einem solchen Beruf wäre für jemanden, der ihr Kinn so hoch trug, unmöglich. Eine Journalistin? Nein, dafür war sie zu hübsch. Was war sie – Schreibmaschine, Restaurantkellnerin, Verkäuferin? Nein, diese trugen alle Schwarz, mit weißem Kragen und weißen Armbändern; und ihre Kleidung war von fast flammendem Glanz. Ihr weitärmeliges Mieder aus geblümter blauer Seide, das eng an der Gürteltaille anliegt, erinnerte eher an Henley als an die Landstraße aus dem schäbigen Lambeth. Auch ihr Strohhut, der fröhlich auf dem Primelflaum und den Haarlocken getragen wurde, gehörte nicht eine Meile tiefer zum Fluss als Teddington . Sie sollte eigentlich einen Schläger in der Hand haben und sich an einem diesigen, trägen Sommernachmittag über den kurzrasierten Rasen von Kanelaghs Park bewegen. Was um alles in der Welt machte sie zu dieser lächerlichen Stunde in dieser düsteren Gesellschaft auf der Westminster Bridge?

Dann verstummten die Spekulationen abrupt. Sie war jetzt nahe bei ihm und er erkannte sie. Sie war eine junge Frau, die er Dutzende Male im

Lesesaal des British Museum gesehen hatte. Ihr Gesicht kam ihm vollkommen bekannt vor. Erst neulich hatte er für sie zwei schwerfällige Bände aus den Regalen mit den Landesgeschichten geholt, die sie offenbar nicht in der Lage gewesen war, alleine zurechtzukommen. Sie hatte sich mit einem Blick und einem freundlichen Nicken bei ihm bedankt. Er schien sich in diesem Blick an das stillschweigende Eingeständnis zu erinnern, dass sie vom Sehen her alte Bekannte waren. Währenddessen sah er ihr direkt in die Augen, die inneren Muskeln seines Gesichts bereiteten sich darauf vor und hielten ein Lächeln bereit, für den Fall, dass sie ein Zeichen gab, dass sie sich an ihn erinnerte.

Für einen Moment schien es, als würde sie vorbeigehen, ohne dass man sie erkannte. Er besaß die Geistesgegenwart, zu spüren, dass dies ein grobes und unentschuldbares Unglück war. Seine Füße bereiteten sich instinktiv darauf vor, ihr zu folgen, als hätten sie nur aus diesem Grund so lange auf der Brücke verweilt.

Bevor er jedoch einen Schritt machen konnte, war sie stehengeblieben und wich schwankend seitwärts aus dem Hauptstrom des Fußgängertums aus. Sie stand ein paar Sekunden lang unschlüssig an der Brüstung und tat so , als sei sie an der Aussicht auf den Fluss und die schmucke parlamentarische Architektur am rechten Ufer interessiert. Dann wandte sie sich mit einem kurzen, entschiedenen Achselzucken an ihn.

„Es ist ein schöner Morgen", sagte sie.

Er war an ihre Seite getreten und schenkte ihr nun ein Lächeln, das beinahe bettelnd geworden wäre. „Ich hatte Angst, dass du mich nicht bemerkt hättest – und ich hatte mir vorgenommen, dich zu verfolgen."

Sie warf ihm einen fragenden Blick ins Gesicht, dann ließ sie ihren Blick wieder vage abschweifen. „Oh, ich habe dich gut gesehen", gestand sie mit einer merkwürdigen Mischung aus Zögern und Kühnheit; „Aber zunächst wollte ich nicht so tun, als wäre es so. Tatsächlich weiß ich nicht im Geringsten, warum ich aufgehört habe. Oder besser gesagt: Ich *weiß* es, aber du weißt es nicht und wirst es auch nie wissen. Das heißt, *ich* werde es dir nicht sagen!"

„Oh, aber ich weiß es", antwortete er freundlich. „Wie können Sie sich vorstellen, dass es mir an Urteilsvermögen mangelt? Nur – nur, ich glaube, ich werde es auch nicht verraten."

Sie sah ihn erneut mit einer Art erschrockener Aufmerksamkeit an und öffnete ihre Lippen, als wollte sie etwas sagen. Er meinte, in diesem Blick die Andeutung einer schmerzlichen und demütigen Zurückhaltung zu erkennen. Doch dann warf sie frech den Kopf zurück und lächelte verschmitzt. „Was für ein gewaltiges Geheimnis werden wir mit ins Grab tragen!" Sie lachte. „

Sag mal, schläfst du auf der Brücke? Man hört so bemerkenswerte Geschichten über die Leser im Museum."

Er betrachtete sie mit strahlendem Vergnügen in den Augen. „Nein, ich schlafe überhaupt nicht", erwiderte er ernst, „und gehe durch die Straßen und habe für immer eine einzige Idee im Kopf; und jeden Morgen bei Tagesanbruch – oh, das geht schon seit Jahren so – komme ich hierher, um nach dem schönen Mädchen mit den gelben Haaren Ausschau zu halten, das irgendwann auf mich zukommen und sagen wird: „Es ist ein schöner Morgen." Ein Wahrsager sagte mir vor langer Zeit, dass ich das tun müsse, und seitdem hatte ich keinen Moment Ruhe."

„Sie müssen sehr müde sein", kommentierte sie, „und auch in Ihrem Kopf ist eine Menge durcheinander, vor allem, weil gelbes Haar so sehr in Mode gekommen ist." Und hat die Wahrsagerin erwähnt, was passieren würde, nachdem die schöne Dame wirklich aufgetaucht war?"

„Ah, das ist ein weiteres meiner Geheimnisse!" er weinte entzückt.

Sie hatten begonnen, gemeinsam zum Glockenturm zu schlendern. Die Menschenmenge, die mit eiligen Schritten achtlos vorbeiströmte, vermittelte ihnen ein zusätzliches Gefühl von Distanziertheit und Kameradschaft. Sie hielten sich dicht an der Brustwehr zusammen und berührten sich hin und wieder mit den Schultern. Als sie das Ende der Brücke erreichten und innehielten, um noch einmal auf die Aussicht auf den Fluss zu blicken, hatten sie die Gelassenheit von Menschen angenommen, die sich schon lange kannten.

Die Flut ging jetzt zur Neige, und es herrschte ein übertriebenes Zeichen unruhiger Aktivität. Das Mädchen beugte sich vor und starrte auf die strömende Strömung, die in wirbelnden Wirbeln unter dem Bogen hindurchfegte und dabei am braungrauen Mauerwerk der Ufermauer saugte. Ihr Schweigen in dieser Haltung erstreckte sich über Minuten, und er respektierte es.

Endlich war sie satt, drehte sich um und sie setzten ihren Spaziergang fort . „Ich könnte das Ertrinken nie verstehen", bemerkte sie nachdenklich; „Irgendwie gefällt es mir überhaupt nicht. Sie reden davon, dass es schon nach der ersten Minute oder so angenehm sei, aber ich glaube es nicht. Tust du?"

„Vielleicht hat es ja einen Sinn – wenn man die Flüssigkeit wählen könnte", antwortete er und brachte mit Mühe eine leichtfertige Wendung. „Wie zum Beispiel der Herzog von Clarence."

"Wie meinen Sie? In allen Zeitungen hieß es, es handele sich um Grippe. Oh, ich verstehe – du meinst den von Shakespeare." Ihr guter Wille war zweifellos. „Aber nein, wir sprachen vom Ertrinken – vom Selbstmord."

„Nein, das waren wir nicht", sagte er nüchtern. Die Erinnerung an seine eigene Stimmung vor einer kurzen halben Stunde regte sich unruhig in ihm. „Und das werden wir auch nicht tun. Was zum Teufel hast du – jung und gesund und glücklich und hübsch wie ein Pfirsich – mit solchen Dingen zu tun?"

„Tatsächlich", fuhr sie nachdenklich fort, als hätte er nichts gesagt, „scheinen mir alle Arten von Tod ein Verbrechen zu sein." Sie machen mich wütend. Es ist zu dumm, sterben zu müssen. Welches Recht haben andere Menschen, zu mir zu sagen: „Wie musst du sterben?"? Ich wurde geboren, um genauso zu leben wie sie, und ich habe genauso viel auf der Erde wie sie. Und ich habe auch ein Recht auf das, was ich zum Überleben brauche. Dem gesunden Menschenverstand zufolge muss das so sein!" Mosscrop hatte dieser Grundsatzerklärung zwar zugehört, aber gleichgültig. Ein Gefühl der Schläfrigkeit hatte ihn befallen, und als er sich für einen Moment diesem Gefühl hingab, ließ er den Kopf hängen und blickte ziellos auf das Pflaster. Plötzlich erblickte er etwas, das ihn erregte. Der kleine Stiefel seiner Begleiterin, der sich unter ihrem Rock bewegte, war an der Seite gebrochen und hatte fast keine Sohle. Er blieb ein oder zwei Schritte zurück und vergewisserte sich, was er sah. Das Mädchen in der Seidenbluse war beschlagen wie eine Bettlerin.

„Wohin gehst du?" fragte er und tat so, als würde er sich plötzlich an etwas erinnern. Er war stehen geblieben, und sie standen an der Ecke und blickten Whitehall hinauf. Er unterdrückte ein Gähnen mit einem kleinen, erklärenden Lachen. „Ich habe ziemlich viel Zeit damit verbracht – heute ist mein Geburtstag – und ich bin im Halbschlaf. Ich hatte nicht bemerkt, wohin wir gegangen waren. Ich hoffe, ich habe dich nicht aus dem Weg geräumt."

Das Mädchen zögerte, blickte die breite, stattliche Straße hinauf und biss sich in angestrengtem Nachdenken auf die Lippe.

„Guten Morgen dann!" platzte sie verwirrt heraus und drehte sich um, um wegzugehen.

Der Drang, von ihr loszukommen, war in seinem Kopf sehr deutlich ausgeprägt und hatte nicht nur seine Worte bestimmt, sondern auch seine unbeholfene, halb beschämte, halb vertraute Art, mit der er einen Abschied vorschlug. Nun verschwand es mit wundersamer Schnelligkeit wieder.

„Nein, nein! Du darfst nicht so abgehen!" drängte er und sprang an ihre Seite. „Ich habe dich nur gefragt, welcher Weg dein Weg ist."

Sie blinzelte mit den Augen und kämpfte darum, ihre Gesichtszüge wiederzugewinnen. Er konnte sehen, dass sie den Tränen nahe war, und der Anblick trieb ihn zur Rücksichtslosigkeit. Es war nicht überraschend, sie gestehen zu hören: „Ich? Ich habe keinen Weg."

Er kümmerte sich mit einem feinen, väterlichen Ton um sie. „Oh ja, das hast du! Dein Weg ist mein Weg. Du gehst mit mir. Es ist mein Geburtstag, wissen Sie, und Sie sind gekommen, um mir dabei zu helfen, ihn zu feiern. Was halten Sie davon, mit einem besonderen Frühstück zu beginnen? – oder vielleicht haben Sie sich bereits den Appetit verdorben. Aber du kannst so tun, als würdest du ein bisschen essen."

Das Mädchen lachte laut, mit kläglicher Ironie über irgendeinen Hochmut, der ihre Lippen in verächtlicher Belustigung verzog. „Worte stiegen ihr auf die Zunge, aber sie traute sich nicht, sie auszusprechen, und starrte auf die Straße.

„Du kommst doch mit, nicht wahr?" Er hatte seine Hand hochgehalten, und ein vierrädriges Fahrzeug mit einem Fahrer und einem Pferd von fortgeschrittenem Alter und niedergeschlagenem Aussehen kroch schräg über die Straße auf sie zu.

Sie nahm den Mut zusammen, ihm offen ins Gesicht zu schauen. „Ich werde Ihnen in der Tat sehr dankbar sein", sagte sie und hielt ihre Stimme aufrecht, bis das Geständnis beendet sein sollte. „Ich habe nicht gefrühstückt."

Das alte Taxi, dessen Rahmen und Fenster gewaltig klapperten, um sich vorwärtszubewegen, trug sie am Trafalgar Square vorbei und nach Westen durch enge Gassen, in denen es bereits von geschäftigem, fremdartig wirkendem Leben wimmelte, bis es vor einem Restaurant in einem der Gassen hielt die breiteren Straßen von Soho.

Als sie ausgestiegen waren und der traurige alte Fahrer, der in finsterem Schweigen seinen Schilling einsteckte, losgefahren war, kam Mosscrop ein Gedanke .

„Ich sage dir, was wir tun werden", brach er hervor. „Nun, beschließen Sie, dass auch Sie Geburtstag haben, damit wir sie gemeinsam feiern können. Das wird viel mehr Spaß machen. Und bevor wir zum Frühstück gehen, muss ich dir als besonderen Anlass ein kleines Geschenk besorgen. Kommen Sie, Sie haben überhaupt nichts dazu zu sagen. Es ist ganz und gar meine Angelegenheit."

Er ging voran, vorbei an mehreren Geschäften, und blieb vor einem schmalen Fenster stehen, in dem eine kleine Sammlung von Damenstiefeln ausgestellt war. Ein Mann in Hemdsärmeln und Schürze hatte gerade den

Fensterladen heruntergelassen und stand jetzt in der Tür und betrachtete sie mit einem kaufmännischen, aber freundlichen Lächeln.

„Es ist der beste Pariser aller Zeiten", bekräftigte der Schuhmacher , um Mosscrops Entscheidung voranzutreiben .

„Man sieht, wie sehr sie sich von gewöhnlichen englischen Dingen unterscheiden", sagte David argumentativ. „Das Leder ist wie ein Handschuh und die Verarbeitung – achten Sie darauf! Ich glaube nicht, dass eine Dame ein einzigartigeres Geschenk haben könnte als ein Paar echte französische Stiefel."

Das Mädchen war herangekommen und stand dicht neben ihm und schmiegte sich fast an seine Schulter. Er sah im Glas den schwachen Widerschein ihres zufriedenen Gesichts und ging zur Tür, als wäre alles geklärt. Dann, als er die Schwelle betrat, rief sie ihn.

"Nein, bitte!" sie drängte. „Ich denke, das werden wir nicht tun, wenn es Ihnen nichts ausmacht."

" Natürlich werden wir!" beharrte er und drehte sich im Türrahmen um. „Warum um alles in der Welt sollten wir das nicht tun? Es ist dein Geburtstag, weißt du? Komm, Kind, du darfst nicht hartnäckig sein; Du musst nett sein und tun, was dir gesagt wird."

Als sie immer noch kopfschüttelnd zurückblieb, ging er auf sie zu. "Was ist los? Die Idee hat Ihnen vorhin ganz gut gefallen. Ich sah dich dort im Fenster lächeln. Kommen! Lassen Sie nicht zu, dass eine Kleinigkeit wie diese den Beginn unseres tollen gemeinsamen Geburtstages verdirbt. Es ist schade von dir! Willst du nicht wirklich die Stiefel bekommen – von mir?"

„Nun", antwortete sie zögernd, „das ist sehr nett – aber wenn ja, wäre es mir lieber, wenn du nicht in den Laden kämst – das heißt, dass du rausgehst, während ich sie anprobiere – weil – nun ja , es ist mein Geburtstag, wissen Sie, und ich muss meinen eigenen Weg gehen – ein bisschen. Du wirst doch draußen anhalten, nicht wahr?"

Das schien ihm vielleicht ein Übermaß an mädchenhafter Zurückhaltung zu sein. Er lächelte ungeduldig. „Auf jeden Fall, wenn es deine Laune ist. Aber – ich muss sagen – ich nehme an, dass verschiedene Leute die Grenze an unterschiedlichen Stellen ziehen, aber Füße schienen mir im Großen und Ganzen immer relativ untadelige Dinge zu sein. Dennoch natürlich, wenn es deine Idee ist."

„Nein, wenn du das so verstehst", sagte sie, „gehen wir unser Frühstück holen und sagen nichts mehr darüber." Sie fand die Kraft, sich beim Sprechen vom Fenster abzuwenden.

„Wenn *ich* das so verstehe!" Die Perversität dieses trivialen Gewirrs ärgerte ihn. „Warum, ich habe doch zugestimmt, draußen anzuhalten, nicht wahr? Was wird mehr verlangt? Wollen Sie, dass ich einen Vertrauensbeweis gebe, oder soll ich während der Aufführung pfeifen, damit Sie wissen, dass ich fröhlich bin, oder was? Angenommen, ich erzähle Ihnen, dass ich selbst Verkäufer in einem Schuhladen gewesen bin und buchstäblich Tausende von hübschen kleinen Füßen gemessen habe – würde Sie das beruhigen? Dann könnte ich doch reinkommen, oder?"

„Nein – *das waren Sie nie* – Sie sind ein Gentleman." Sie warf einen verwirrten Blick zu ihm und seufzte. „Ich würde die Stiefel wirklich lieben – aber du wirst es nicht verstehen. Ich weiß nicht, wie ich dich dazu bringen soll." Als sie ihm ins Gesicht blickte und darin den Widerschein ihrer eigenen Zweifel erblickte, brach sie plötzlich in Gelächter aus. „Sie sind ein Gentleman, aber Sie sind auch eine Gans. Meine Strümpfe sind ein zu trauriger Flickenteppich aus Löchern und Flicken, als dass man sie begutachten könnte – wenn man so will."

"Armes Kind!" Er atmete erleichtert auf, als ob ein zutiefst bedrohliches Missverständnis aufgeklärt worden wäre. „Hier, nimm das und renn rüber zu der dicken Jüdin dort in der Tür. Sie wird dich ausstatten."

Plötzlich kehrte sie zurück, mit strahlenden Augen und einem Hauch von Schüchternheit, gepaart mit selbstgefälliger Selbstzufriedenheit, was er entzückend fand.

jetzt hereinkommen ", rief sie fröhlich an der Tür des Schuhladens als Antwort auf seinen gespielten, respektvoll fragenden Blick.

KAPITEL II

So ein Frühstück gab es sicherlich noch nie auf der Welt!

Sie sprach mit offener Aufrichtigkeit. Im Nachhinein fügte sie hinzu: „Ich glaube nicht, dass eine Frau so ein Essen bestellen könnte. Ihr Männer wisst immer so viel über Essen." Mosscrop lehnte sich in seinem Stuhl zurück, schlug die Knie übereinander und holte eine Zigarre aus der Tasche. In genussvollem Nachdenken schweiften seine Gedanken über die Gerichte ab – ein duftendes Omelette mit Pilzen, eine Seezunge *mit Marguerite* , ein zartes kleines Steak, das über Nacht in Öl eingelegt worden war, ein breiiger italienischer Käse, den er nirgendwo anders als hier bekam. Die hochschultrige, urnenförmige grüne Flasche auf dem Tisch enthielt noch etwas Capri, und er schenkte es ihr ins Glas.

„Ja", stimmte er zu, „je älter ich werde, desto mehr achte ich auf das Essen." Es ist das Zeichen fortschreitender Jahre. Es *ist* ein gutes kleines Restaurant, nicht wahr? Ich komme sehr oft hierher."

„Und so kann man so wunderbare Frühstücke für hungrige junge Damen bestellen. Es kommt aus der Übung. Macht es ihnen allen genauso viel Spaß wie mir?"

„So etwas darf man nicht fragen", wandte er lächelnd ein, während er ein Streichholz anzündete. „Ich hoffe, es macht dir nichts aus? – Danke." Er betrachtete sie nachdenklich durch den sich auflösenden Dunst des ersten Rauchstoßes hindurch. Sie hatten das kleine Esszimmer im Obergeschoss für sich allein, und sie ließ von ihrem Platz am Fenster aus ihre Blicke von ihm auf die Straße unten und wieder zurück schweifen, mit einer bezaubernden, kindlichen Wirkung, als wäre sie über alles erfreut. Der Anblick, wie sie ihm gegenüberstand, löste in ihm neue Gefühle aus. Er brachte eine sanfte Ernsthaftigkeit in sein Lächeln und ließ den scherzhaften Unterton aus seiner Stimme verschwinden. „Nein – wir müssen so spielen, dass ich noch nie mit jemandem gefrühstückt habe – so – weder hier noch anderswo. Lasst uns beide an unserem Geburtstag neu anfangen. Wir wischen alles vom Tisch und machen einen sauberen Anfang. Erstens haben Sie mir Ihren Namen nicht verraten."

„Mein Name ist Vestalia Peaussier .

„Dann bist du *kein* Engländer? Ich hätte schwören können, dass du das typischste englische Mädchen bist, das ich je gesehen habe."

„Mein Vater war ein französischer Gentleman – ein Offizier und ein Mann von Rang. Er starb – getötet in einem Duell –, als ich noch sehr jung war. Ich erinnere mich überhaupt nicht an ihn. Meine Mutter holte mich sofort aus Frankreich weg. Sie war furchtbar am Boden zerstört, die arme Dame. Sie war die Tochter eines sehr alten schottischen Hauses – es war eine außer Kontrolle geratene Liebesheirat gewesen – und ihre Leute, meine Großeltern …“

„Welcher Teil Schottlands? Wie hießen sie? Ich bin selbst Schotte , wissen Sie.“

Vestalia hielt kurz inne und nippte an ihrem Wein. „Ich wollte gerade sagen – meine Großeltern verhielten sich meiner Mutter gegenüber so gefühllos, dass sie es sich nie erlaubte, ihren Namen zu erwähnen. Ich weiß es selbst nicht. Als ich ein Kind war, konnte ich aus den Worten der armen Mutter schließen, dass sie äußerst wohlhabend und stolz waren und einen Titel in der Familie hatten. Es ist unwahrscheinlich, dass ich jemals mehr erfahren werde. Ich würde es auch nicht wollen, denn es war ihre harte Grausamkeit, die meiner Mutter das Herz brach. Sie ist vor zwei Jahren gestorben. Arme, unglückliche Dame!“

Mosscrop nickte mitfühlend. „Und blieb dir nichts übrig?“

„Das Privatvermögen meiner Mutter war vor ihrem Tod durch Fehlinvestitionen und den Verrat anderer auf fast nichts geschrumpft. Ich hatte niemanden, der mich beraten konnte – ich war ganz allein – und die Anwälte und andere haben mich wahrscheinlich grausam ausgeraubt. Nur ein paar ihrer alten Familienjuwelen blieben mir übrig – und einen nach dem anderen musste ich mich von ihnen trennen. Ich vermute, dass einige von ihnen von großem Alter und unschätzbarem Wert waren, wenn ich das nur gewusst hätte, aber ich war gezwungen, sie für einen Cent zu verkaufen. Darunter befanden sich wundervolle Siegelringe, alle mit dem Wappen der Familie – ich nehme an, es muss ihre Familie gewesen sein – und zuerst dachte ich daran, sie damit zu kennzeichnen – aber dann mein mädchenhafter Stolz –“

„Was war das Wappen?“ fragte David. „Vielleicht wäre es jetzt nicht zu spät.“

Wieder Vestalia zögerte. Dann schüttelte sie den Kopf. "NEIN; Die Wünsche der lieben Mama sind mir heilig. Ich möchte nicht erfahren, was sie mir am besten vorenthalten sollte.“

„Na ja – und wann waren die Juwelen alle verkauft?“

„Schon lange zuvor hatte ich begonnen, für meinen Lebensunterhalt zu arbeiten. Ich schreibe von Natur aus eine gute Handschrift. Ich bekam eine Anstellung als Kopist, aber das hielt nicht lange an. Ich war ehrgeizig und dachte, ich könnte mich in die Literatur einarbeiten. Aber es ist eine sehr entmutigende Karriere, wissen Sie.“

Mosscrop hatte überrascht die Augenbrauen hochgezogen. Er nickte erneut mit einem flüchtigen „Ay!"

„Die Redaktion war überhaupt nicht freundlich zu mir", fuhr sie fort. „Ich schuftete wie ein Sklave, aber ich bekam kaum etwas angenommen, und dann musste man Monate auf seinen Lohn warten und bekam ihn vielleicht überhaupt nicht. Ich wäre längst verhungert, wenn ich nicht im Museum eine Amerikanerin getroffen hätte, die hier war und Ahnentafeln zusammenstellte. Oh, nicht für sie selbst. Sie machte daraus ein regelmäßiges Geschäft. Reiche Amerikaner bezahlten sie für die Suche nach ihren englischen Vorfahren, in Genealogien und alten Aufzeichnungen, auf Grabsteinen und so weiter. Ich war fast ein Jahr lang ihre Assistentin und es lief bei mir ziemlich gut. Aber vor drei Monaten wurde sie krank und musste nach Hause, und dort war ich wieder gestrandet. Ich habe versucht, mit einigen der Aufgaben fortzufahren, die sie unvollendet gelassen hatte, aber die Leute waren weggegangen oder hatten kein Vertrauen in einen so jungen Menschen, und nun – das ist alles. Meine Vermieterin hat mich heute Morgen um sechs Uhr rausgeschickt, und sie hat die wenigen armen Sachen, die ich noch hatte, beschlagnahmt – und hier bin ich."

Der junge Mann hob sein Glas und stieß es gegen ihres. „Ich freue mich sehr, dass Sie hier *sind* ", sagte er; und sie lächelten einander wehmütig in die Augen, als sie das Capri beendet hatten.

„Es ist jedenfalls ein himmlischer kleiner Wolkenbruch", fuhr sie verträumt fort. „Es ist überhaupt nicht wie im wirklichen Leben: Es ist die Art und Weise, wie die Dinge in Märchen passieren."

„Ganz richtig. Warum sollten wir nicht ganz alleine ein Märchen haben? Es ist genauso einfach wie das dumme, eintönige andere Ding und millionenfach schöner. Oh, ich selbst bin auf der Seite der Feen."

Sie blickte geistesabwesend zu den Fenstern auf der anderen Straßenseite. Das Licht begann aus ihrem Gesicht zu verblassen und die unruhigen Falten kehrten zurück. „Seit zwei Wochen beantworte ich jeden Tag Anzeigen", fuhr sie nachdenklich fort; „Einige per Brief, andere persönlich. Es gab Sekretärsplätze, aber man musste Stenografie und die Schreibmaschine beherrschen und so weiter. Irgendwie waren dann alle offenen Stellen für Verkäuferinnen besetzt, bevor ich mich beworben hatte, oder es wurden Leute mit Erfahrung in der Branche mir vorgezogen. Ich habe mich sogar für die „Hilfsdame" engagiert – eine Art Hausangestellte, wissen Sie, nur dass man weniger Lohn bekommt und keine Mütze trägt –, aber niemand wollte mich haben. Mein Haar war zu gut und meine Stiefel waren zu schlecht. Die Dame des Hauses starrte bei jedem Ort, an dem ich mich beworben habe, nur auf diese beiden Dinge und sagte, sie habe Angst, dass ich nicht antworten würde."

Das Bild, das sie zeichnete, war für Moss-crop schmerzhaft, und er bemühte sich, es mit Leichtigkeit aufzuhellen. „Ich muss gestehen, dass ich selbst nicht besonders viel von deinen Stiefeln gehalten habe", sagte er fröhlich, „aber ich bewundere deine Haare ungemein."

„Oh, aber du bist ein Mann!"

Er lachte freundlich über die Bedeutung ihrer Erwiderung, und sie lachte auch ein wenig, auf eine widerstrebende Art. „Mir fällt auf", wagte er es und hielt inne, „dass Männer in der Geschichte Ihres Lebens anscheinend überhaupt keine Rolle gespielt haben."

„Nein, absolut nicht", antwortete sie prompt. „Nie zuvor war ich einem Mann auch nur für einen Keks oder einen Schuhknopf verpflichtet. Ich weiß nicht, ob du mir glauben wirst, wenn ich es dir sage, aber ich war noch nie in meinem Leben allein mit einem Mann in einem Zimmer."

„Natürlich glaube ich, was Sie sagen. Es ist jedoch bemerkenswert interessant. Kommen! Der erste Eindruck ist das Salz des Lebens. Ich würde sehr gerne wissen, was Sie von der Romanerfahrung halten, soweit Sie bisher gekommen sind."

Sie schien ihn ernst zu nehmen. Sie stützte ihre Ellbogen auf den Tisch und legte ihr Kinn zwischen Daumen und Zeigefinger, während sie sein Gesicht mit offenem Blick prüfte, so aufmerksam und leidenschaftslos wie der Blick, den ein Professor für Handlesen auf die Handlinien des Klienten richtet.

„Zuallererst", sagte sie bewusst, „habe ich nicht so viel Angst vor dir wie früher."

"Entzückend!" er weinte. „Dann habe ich gleich zu Beginn Terror ausgelöst. Es war der Traum meines Lebens, das zu tun – wenn auch nur einmal. Ich fürchtete, es würde mir nie gelingen. Meine liebe Dame, Sie haben mich vor meiner eigenen Verachtung gerettet. Meine Karriere ist schließlich kein blanker Misserfolg. Danach müssen wir Kaffee und einen Likör trinken!"

Er drückte die Klingel an seiner Seite. Sie runzelte ein wenig die Stirn über seine fröhliche Ausgelassenheit.

„Ich mache keine Witze", beschwerte sie sich. „Du hast mich gebeten, genau das zu sagen, was ich gefühlt habe."

Er nickte reuig, als der Kellner den Raum verließ.

„Ja, das tue ich", drängte er. „Ich werde still bleiben wie eine Maus."

„Ich habe nicht mehr so viel Angst vor dir wie früher", wiederholte sie dogmatisch. „Aber ich denke, selbst wenn ich dich so gut kennen würde, sollte ich immer ein bisschen Angst haben. Ich kann sehen, dass du sehr nett bist – mein Himmel! Niemand sonst war jemals auch nur ein Hundertstel so freundlich zu mir wie Sie – aber trotzdem – ja, es gibt ein *Aber*, wenn ich es Ihnen erklären kann – ich habe das Gefühl, dass Sie freundlich sind, weil es Ihnen selbst Freude bereitet , und nicht weil es mir hilft. Nein – das ist auch nicht ganz das, was ich meine. Mir scheint, dass ein Mann viel freundlicher sein wird, als jede Frau zu sein weiß, solange er sich so fühlt; aber wenn er nicht mehr so empfindet – nun, dann wird er die ganze Sache hinschmeißen und nie wieder darüber nachdenken."

„Das ist sehr intelligent", sagte Mosscrop .

Es schien ihm, als würde er es in Gedanken noch einmal durchgehen, und es gefiel ihm umso mehr, je mehr er darüber nachdachte. „Ja, das ist gut begründet. Ich kann gut glauben, dass deine Mutter ein schottisches Mädchen war."

Vestalia errötete, zweifellos vor Stolz.

„Na dann hören Sie mir zu", sagte sie mit einer angenehmen kleinen Anspielung auf neu gewonnene Autorität. „Nun, ich habe kaum einen Mann gekannt, mit dem ich sprechen konnte – das heißt, einen Gentleman, als Freund, wissen Sie – wenn ich berechtigt bin, Sie nach so kurzer Bekanntschaft so zu nennen – oder nein, das darf ich nicht sagen , muss ich? Wir *sind* Freunde – aber für mich ist es eine ganz neue Erfahrung . Wie Sie sagen, habe ich meinen ersten Eindruck davon, wie es ist, einen Mann zum Freund zu haben."

Der Kellner drückte die Tür mit dem Fuß auf und brachte ein Tablett mit weißen Tassen und silbernen Töpfen und kleinen getönten Gläsern sowie eine große, formlose Flasche herein, die in eine Korbdecke aus Stroh gehüllt war.

„Ich habe Maraschino bestellt", bemerkte Moss-Crop, als der Mann den Kaffee einschenkte. „Wenn Sie etwas anderes bevorzugen, warum natürlich –"

"Ach nein; Was auch immer du sagst, ist gut, ich nehme es mit geschlossenen Augen."

Sie nippte an dem kleinen Glas, das er für sie eingefüllt hatte, und dachte dann mit einer Lippen- und Zungenbewegung über den ungewohnten Geschmack nach. Aus ihren Augen schoss ein wachsamer Blick auf ihn.

„Ich hoffe –", begann sie zu sagen und hielt inne.

„Was hoffst du?"

"NEIN; Ich werde nicht sagen, was ich vorhatte. Es wäre eine sehr undankbare Rede gewesen. Bedenken Sie jedoch, dass ich kaum einen Wein vom anderen unterscheiden kann und mich ganz Ihren Händen überlasse. Sie werden dafür sorgen, dass ich nicht mehr trinke, als ich sollte."

Mosscrop wedelte lächelnd und beruhigend mit der Hand.

„Aber jetzt zu deinem berühmten ersten Eindruck."

Sie kniff die Augenlider zusammen, um ihn anzusehen, und er stellte fest, dass ihr Blick von etwas wie Zärtlichkeit erfüllt war. Ihr Kopf war leicht zur Seite geneigt, so dass das Licht aus dem Fenster voll auf ihr Gesicht fiel . Es war ein schöneres Gesicht, als er gedacht hatte, mit äußerst schwachen und muschelartigen Farbabstufungen an den Schläfen und unterhalb der Ohren, wo das seltsame, aber schöne Primelhaar begann. Ihre Wangen, die noch vor einer Stunde blass gewirkt hatten, hatten einen zarten Rosenton angenommen. Das ganze Gesicht wirkte in seinen Augen rund, sanft und verschönert, als er auf ihren anhaltenden, zustimmenden Blick antwortete.

"Mein Eindruck?" Sie sprach langsam und ohne die Selbstsicherheit, die ihre frühere Befreiung gekennzeichnet hatte. „Nun ja, weißt du, ich habe nicht mehr das Gefühl, *Männer zu kennen* als zuvor. Ich kenne nur einen Mann – einen sehr, sehr kleinen. Ich glaube nicht, dass andere Männer überhaupt so sind wie er, sonst sollten wir davon erfahren. Die Welt wäre voll davon. Niemand würde über etwas anderes reden. Aber den Mann, den ich *kenne* – zumindest ein bisschen –, nun, ich würde ihn lieber kennen als alle Frauen, die jemals geboren wurden, auch wenn ich dabei die ganze Zeit Angst vor ihm haben müsste."

Mosscrop lachte.

„Wir haben gut daran getan, es vorab als *ersten* Eindruck zu kennzeichnen. Es ist das Urteil eines Babys, das gerade seine Augen öffnet. Mein liebes Kind, ich fürchte, das ist schließlich nicht dein Geburtstag. Du bist offensichtlich noch kein Jahr alt."

„Du machst immer Witze, aber ich meine es ernst." Sie sprach tatsächlich fast feierlich und mit einer beeindruckenden Inbrunst in ihrer Stimme. „Du beeindruckst mich einfach so. Ich wünschte, du würdest glauben, dass ich genau das sage, was ich fühle. Bedenken Sie, ich habe ausdrücklich gesagt, dass ich keine Minute davon ausgehe, dass andere Männer so sind wie Sie."

„Nein, da hast du recht", unterbrach er ihn. Ihre Art, noch mehr als die Rede, berührte ihn seltsam. Er trank seinen Likör in einem Zug aus, starrte aus dem Fenster, rutschte auf seinem Stuhl hin und her und stand schließlich auf.

„Da hast du recht!" wiederholte er, biss auf seine Zigarre und steckte die Hände tief in die Taschen. Sie wäre auch aufgestanden, aber er bedeutete ihr, still zu sitzen. „Andere Männer sind nicht wie ich, und sie können Gott danken, dass sie es nicht sind. Sie wissen genug, um nüchtern zu bleiben; Ich tu nicht. Sie sind in der Welt von intelligentem Nutzen; Ich bin nicht. Sie führen ein sauberes und anständiges Leben, sie kontrollieren sich, sie machen sich einen Namen, sie tun Dinge, die zumindest *jemandem von Nutzen sind* . Ah-h! Du triffst den Nagel auf den Kopf. Sie *sind* anders als ich!"

Sie blickte zu ihm auf, stumm vor purer Überraschung. Er machte ein paar ziellose Schritte auf und ab, blieb stehen, blickte finster aus dem Fenster auf die gegenüberliegenden Schilder und warf sich dann wieder auf den Stuhl. Er stützte die Ellenbogen auf den Tisch, beugte sich vor und warf ihr einen Blick zu, der so erschrocken und eindringlich war, dass sie darunter zitterte und zurückwich.

„Weißt du, du dummes kleines Mädchen", begann er mit heiserer, deklamierender Stimme, „dass ich mich ein paar Minuten bevor du vorbeikamst, dort auf der Brücke, in den Fluss stürzen wollte, weil ich war nicht lebensfähig. Ist Ihnen klar, dass ich über mich selbst zu Gericht gesessen und mich selbst zum Tod verurteilt habe – zum Tod, wohlgemerkt ! – , weil ich ein völlig hoffnungsloses Geschöpf, ein Abfallprodukt, ein Trunkenbold, ein unfruchtbarer Narr und Faulenzer, ein wahres Menschenschwein war? Das ist die Wahrheit! Wissen Sie, wo ich letzte Nacht verbracht habe – wo ich heute Morgen aufgewacht bin, krank vor Ekel vor mir selbst? Nein, das tust du nicht; und es ist nicht nötig, dass ich es dir sage."

"Es ist mir egal!" Die Lippen des Mädchens brachten die Worte mit außergewöhnlicher Schnelligkeit hervor, aber die Augen, mit denen sie ihre Begleiterin betrachtete, und der Rest ihres Gesichts, das wieder blass geworden war, blieben ungerührt.

„Nein, das ist *dir* egal!" Er stöhnte einen langen Seufzer und fuhr mit nachlassender Kraft fort . "Aber *ich* kümmer mich! Für *einen* ist es etwas , dass ich bin, was ich bin; dass ich mein Leben verschwendet habe, dass ich nichts und noch schlimmer als nichts mit meinen Chancen getan habe, dass ich –"

„Du verstehst mich falsch", warf Vestalia ein und spielte verstört Ruhe. „Ich meinte damit, dass das, was zuletzt passiert ist – also zu irgendeinem Zeitpunkt vor heute Morgen – keinerlei Einfluss auf meine – meine Zuneigung zu dir hat." Ihre Augen leuchteten bei dem Gedanken an etwas. „Sie waren es selbst, die gesagt haben, wir würden den Reinen Tisch machen und ganz von vorne anfangen. Erinnerst du dich nicht? Und wir sollten unser eigenes Märchen haben, ganz für uns. Du erinnerst dich doch, nicht wahr?"

Er atmete immer noch schwer, aber die Düsterkeit in seinem Gesicht ließ nach, als er sie ansah. Er bewegte eine seiner Hände auf dem Tisch nach vorne in ihre Nähe und streichelte sanft über das Tuch, als wäre es ihre Hand, die er berührte. Ein müdes Lächeln, geboren in seinen Augen, verstärkte sich und breitete sich aus, um sein ganzes Gesicht weicher zu machen.

„Ja, ich erinnere mich an alles", sinnierte er mit einer Art verlorener Freude im Ton. Es schien eine Einladung zum Schweigen zu sein, und sie saßen eine Weile wortlos da.

Mit einer verhaltenen Miene, als hätte sie sich durch Argumente davon überzeugt, dass es das Richtige sei, hob Vestalia plötzlich ihre Hand und legte sie leicht auf seine. Er bildete sich ein, dass es ein wenig zitterte. Sein eigener zitterte sicherlich, obwohl er ihn fest auf den Tisch drückte.

„Jetzt sind alle bösen Geister verschwunden", sagte er; „Es ist wieder ein Märchenland."

„Ah, das müssen wir beibehalten", antwortete sie und drückte sanft seine Hand, bevor sie ihre eigene zurückzog. Die düstere Stimmung war so schnell von ihm verschwunden, wie sie gekommen war. Vestalias Augen strahlten beim Anblick seiner wiederhergestellten guten Laune , und sie nickte fröhlich zustimmend.

„Ich schätze, wir haben die Freuden dieses Ortes fast erschöpft", bemerkte er nach einer kurzen Stille, die für beide mit einem angenehmen Gefühl der ungezwungenen Freundschaft erfüllt war. „Ich bezahle die Rechnung, und wir torkeln."

Sie blickte sich um. „Ich werde mich immer an dieses liebe kleine, stickige alte Zimmer erinnern. Ich hasse es fast, es überhaupt zu verlassen. Ich möchte mir vor Augen halten, wie es aussieht."

„Oh, wir kommen wieder oft", bemerkte er leichthin. Dann kam ihm der Gedanke, dass diese Zusicherung vielleicht eine Spur von Unbesonnenheit enthielt. „Haben Sie heute etwas Besonderes zu tun?" fragte er mit unbeholfener Plötzlichkeit.

Die Frage verwirrte und beunruhigte sie. „Ich *wollte* meinen Geburtstag feiern", murmelte sie mit einem wehmütigen, flackernden Lächeln, das kurz davor stand, in Depression zu verfallen.

" Natürlich bist du; „Das ist alles geklärt", antwortete er und machte die vergessliche Dummheit seiner Frage durch die Herzlichkeit seines Tons wett. „Was ich meinte war – was *hast* du dir vorher überlegt, bevor du wusstest, dass du bald Geburtstag hast?"

Vestalia untersuchte den Boden ihrer Kaffeetasse und stocherte mit dem Löffel darin herum. "Mich? „Oh, ich hatte noch einiges zu erledigen“, antwortete sie zögernd. „Ich musste etwas zu essen finden und herausfinden, wie ich etwas Geld verdienen konnte, und eine neue Unterkunft finden und sehen, wie ich mich morgen ernähren würde, und – und andere Kleinigkeiten dieser Art.“

Seinem Kommentar ging ein freundliches, trauriges kleines Lachen voraus.

„Du musst zum alten Ort gehen und deine Sachen holen“, sagte er. „Wie viel schulden Sie?“

„Ich würde lieber gar nicht mehr *zurückgehen* .“ Sie wagte es jetzt, zu ihm aufzublicken. „Ich möchte diese alte Hexe nie wieder zu Gesicht bekommen.“

„Aber deine Sachen. Wenn ich eine Kommissarin schicken würde, würde sie sie dann aufgeben ? – natürlich gegen Bezahlung der Rechnung.“

„Sie sind kein Busticket wert – das sind sie wirklich nicht. „Sehen Sie“, fuhr sie mit ihren widerwilligen Vertraulichkeiten fort, „ich musste alles verpfänden. Diese Kleidung, die ich trage, ist jeder Lappen, der mir noch übrig ist.“

Mosserop , der sie mitfühlend betrachtete, erinnerte sich sehr deutlich an das Kleid, das sie im Museum zu tragen pflegte. Es hatte eine seltsame Farbe – eine Art rostiges Grünblau; Es war aus gewöhnlichem Stoff und ohne Taille gefertigt, was für ihn wie ein seltsamer Moderoman der Grosvenor Gallery aussah. Die praktische Seite von ihm stolperte über diese Erinnerung. „Aber wenn du Dinge verpfänden müsstest“, sagte er, „hätte ich gedacht, dass diese Seidentücher, die du trägst, zuerst gegangen wären. Das Kleid, das du zum Beispiel im Museum getragen hast – dafür hättest du nur ein paar Pence verdienen können –, während diese Dinge – ich fürchte, mein junger Freund, dass du kein guter Geschäftssinn bist.“

„Oh, besser als du denkst“, erwiderte sie mit gesenktem Blick. Ihre weiteren Worte kosteten sie sichtbare Anstrengung. „Ich habe alles durchdacht und erkannte, dass meine einzige Chance darin bestand, an diesen Klamotten festzuhalten. Wenn die Leute nicht zufällig meine Stiefel ansahen, war ich in Ordnung. Männer bemerken solche Dinge nicht so sehr – Sie selbst haben es zunächst nicht bemerkt. Und mein Rock würde sie mehr oder weniger verbergen.“

Er blickte in ihr abgewandtes Gesicht und begriff langsam, was sie sagte. Dann drehte er hastig seinen Stuhl zur Seite, klingelte für den Kellner, zündete sich eine neue Zigarre an und blies das Streichholz mit einem Seufzer aus, der sich in ein hörbares Stöhnen steigerte.

„Was könnte ich sonst noch tun?" Sie stockte mit geröteten Wangen und einem tränenüberströmten Blick aus dem Fenster. „Es bleibt mir nichts anderes übrig, als mich in den Fluss zu werfen. Und das *werde ich nicht* tun. Sie haben kein Recht, darauf zu bestehen, dass ich das tue. Wenn ich alt und schrecklich wäre, wäre das nicht so wichtig. Aber ich bin jung und möchte leben. Das ist alles, was ich verlange – nur die Chance zu leben. Und dass ich nicht zulassen werde, dass sie mich berauben, wenn ich es verhindern kann."

Der Kellner zählte das Wechselgeld ab und umarmte das Paar mit einer Reihe ruhiger Seitenblicke. Er bedankte sich höflich für den ihm zur Seite geschobenen Schilling und schloss die Tür hinter sich, als er mit betonter Entschlossenheit den Raum verließ.

Moscrop- Rose. „Komm, Kind", sagte er forsch. "Aufheitern! Schau zu mir auf – lass uns ein Lächeln auf deinem Gesicht sehen. Bitte etwas heller – so trifft es eher zu. Wie wir reinen Tisch gemacht *haben* ! Wir fangen ganz frisch an. Trockne deine Augen und wir fangen an. Wir müssen uns um unsere gefeierten Geburtstage kümmern   und es ist höchste Zeit, dass wir uns daran machen."

Sie stand auf und gehorchte ihm lächelnd, indem sie die Serviette über ihre Nase und Brauen tupfte. Sie ging zum Spiegel über dem Kaminsims und lächelte erneut über das, was sie sah. Dann schaute sie auf ihre Stiefel hinunter, und ihr Gesicht bekam einen Glanz, den es behielt, als sie dicht hinter ihm die schmale Treppe hinunterstieg.

KAPITEL III.

eine Bar – eine fröhliche, heimische Bar italienischer Art, unter der Leitung einer strahlenden, lächelnden Frau mittleren Alters. Sie kannte Mosscrop und warf ihm einen freundlichen Blick südländischer Kameradschaft zu, als er vortrat, blieb stehen und zog sein Scheckbuch aus der Tasche. Es waren auch zwei Mädchen in der Bar, die ihn ebenfalls kannten und bei seinem Gruß sanft grinsten. Vestalia beobachtete sie aufmerksam und bildete sich ein, dass auch einer von ihnen zwinkerte.

„Ich musste anhalten und etwas mehr Geld holen", erklärte er, als sie zusammen auf der Straße waren. „Es gibt in dieser Gegend keinen anderen Ort, an dem man einen Scheck wechseln würde."

„Mir ist aufgefallen, dass sie dich zu kennen schienen", antwortete sie zurückhaltend.

„Liebe Leute, die ihr seid!" er weinte. „Ihr Anblick am Morgen ist für mich immer eine Freude. Haben Sie es bemerkt – die außergewöhnliche Fröhlichkeit von allen? Sie haben gesehen, wie die Mädchen den Mann aus dem Eis gehänselt haben, und wie der Kerl, der die Kisten mit Sodawasser gebracht hat, seinen Scherz mit den Kellnern hatte, und wie Madame gegluckst hat wie eine gute Henne, als ob sie alle ihre Brut wären, und schien jeder jeden zu mögen?"

„Ich hatte nicht den Eindruck, dass sie sehr scharf auf mich waren", bemerkte Vestalia . „Tatsächlich haben sie ein finsteres Gesicht gemacht."

"Unsinn! Natürlich waren sie dir gegenüber respektvoll – du stelltest für sie eine Art würdevolle Ungewohntheit dar, und sie hatten Angst, dich anzustrahlen. Aber Gott sei Dank, sie sind so einfach und so liebenswürdig wie Kinder. Sie lachen und lächeln die Menschen einfach aus purer einheimischer Liebenswürdigkeit an. Der Ort ist für mich so gut wie eine Stärkung für einen Morgen, an dem ich mich deprimiert und unwohl fühle."

„Aber das bist du *heute* Morgen nicht", erinnerte sie ihn.

Als Antwort zog er ihre Hand durch seinen Arm. Sie kamen in Gleichschritt und schlenderten in schlenderndem Gang weiter in Richtung Oxford Street.

Es war Mitte August und über Nacht hatte es geregnet. Der Asphalt war in seinen Spalten immer noch feucht, und die Luft war klar und frisch. Ein blasser, dunstiger Sonnenschein begann, Schatten in den engen Gassen zu zeichnen. Nach und nach würde es hier heiß und übel riechend sein, aber gerade jetzt entdeckte sie der Sinn für den Charme des Sommers sogar in Soho.

Sie hatte ihn nach sich selbst gefragt. Die Frage war ganz natürlich auf ihre Lippen gekommen, und sie hatte sie ohne Scheu vorgebracht. Aber als die Worte tatsächlich in ihren eigenen Ohren klangen, machten sie ihr Angst. Die Anfrage wirkte auf einmal persönlich bis zur Unhöflichkeit. Die Möglichkeit, dass er ihre Neugier verübeln könnte, stieg in ihrem Kopf auf und verwandelte sich augenblicklich in schmerzliche Gewissheit.

„Oh, vergib mir; Ich hatte nicht das Recht, dich zu fragen!“ fügte sie hastig hinzu.

Er lachte und tätschelte ihren Arm. „Warum um alles in der Welt solltest du das nicht tun?“

„Ich habe ohne nachzudenken gesprochen“, stockte sie. „Ich nehme an – das heißt, es kommt mir in den Sinn – vielleicht mögen Herren es nicht, wenn man sie befragt – ich meine, Sie haben nicht geantwortet, und ich hatte Angst –“

„Angst vor nichts!“ er beruhigte sie. „Du darfst nicht davon träumen, mir gegenüber distanziert zu sein. Ich werde mich über dich ärgern, wenn du das tust. Meine liebe kleine Dame, es gibt nichts auf der Welt, das du mir nicht sagen oder fragen könntest. Ich habe nur gezögert, weil“, begann er und lächelte sie reumütig und skurril an , „ weil es ein zu kompliziertes und unheimliches Konzert ist, als dass man es leichtfertig angehen könnte.“ Mein Name ist David Mosscrop und ich bin von Beruf ein Gewohnheitsverbrecher. Das reicht für den Anfang.“

Vestalia schaute ihm ernst ins Gesicht und suchte nach einem Anzeichen dafür, dass er scherzte. Es war ein glattrasiertes Gesicht, von der Natur in eine Form der Schwerkraft gegossen. Bei ihrer ersten flüchtigen Betrachtung waren die Augen angenehm grau erschienen; Aber bei näherer Betrachtung könnte ihre Farbe eine Härte wie Stahl aufweisen . Auch die Lippen und das Kinn hatten eine scharfe Linie, die Unliebsames bedeuten konnte. Und doch, wie konnte sie seinen Worten Glauben schenken? Sie erinnerte sich, dass es wahr sei, dass viele überlegene Spieler, Einbrecher und andere böse Charaktere im Privatleben äußerst freundliche Menschen seien – mit notorisch großzügigen Impulsen. Bilder der Gesetzlosen der Romantik, von Robin Hood bis Dick Ryder, drängten sich in ihr geistiges Bild. Das Gesicht, in das sie zitternd starrte, hätte jedem von ihnen gehören können – ein wenig verschwommen durch die Wirkung des jüngsten Alkoholkonsums, ein wenig befleckt in den unteren Teilen durch die Notwendigkeit eines Rasiermessers, aber dennoch abenteuerlustig, subtil, mutig; vor allem befehlend. Ihr Herz flatterte bei dem Gedanken an ihre eigene Kühnheit, sich auf seinen Arm zu stützen, und sie warf einen raschen Blick nach vorne auf die große Durchgangsstraße, die sie näherten, wo sich Menschenmassen aufhalten würden, die sie sehen würden. Dann verstärkte sie ihren Griff und sagte sich, dass es ihr überhaupt nichts ausmachte.

„Du hast gesagt, ich könnte alles fragen, was ich möchte", sagte sie. „Was ist Ihre Spezialkriminalität?"

„Nun, konkret weiß ich nicht, wie sie mich definieren würden. Ich bin kein echter Selbstvertrauensmann, denn niemand schenkt mir jemals auch nur ein Fünkchen Vertrauen. Meiner ist ein eigenartiger Fall. Man kann nicht sagen, dass ich mit meinem Spiel irgendjemanden täusche, und dennoch gehöre ich zweifelsohne zu den Betrügern. Ich verdiene meinen Lebensunterhalt damit, unter Vorspiegelung falscher Tatsachen an Geld zu kommen ."

Das Mädchen war ehrlich gesagt verwirrt. Das klang so dämlich und gemein, dass ihr Instinkt wieder zu der ursprünglichen Annahme zurückkehrte, dass er einen Scherz machte. Tatsächlich konnte sie das latente Lachen in seinen Augen sehen, als sie jetzt wieder hinschaute.

„Du täuschst nur!" sie protestierte und zerrte mahnend an seinem Arm. „Sag mir schnell, was du tust!"

„Woher weißt du, dass ich etwas tue?" er forderte an. Er drückte ihren Arm an seine Seite, um zu zeigen, wie viel Spaß das alles machte.

„Warum sollte ich nicht generell ein Gentleman sein? Es gibt solche Dinge, wissen Sie."

Sie schüttelte den Kopf. „Herren im Allgemeinen lesen im August im Museum nicht viel. Ich habe übrigens nie verstanden, dass sie zu jeder Jahreszeit viel Freude am Lesen hatten. Nein, ich weiß, dass du etwas tust. Sie sind in einem Beruf; Ich kann sehen, dass. Sie sind kein Arzt; Dafür bist du zu höflich und gutmütig. Zuerst dachte ich, Sie wären Journalist, aber sie haben keine Scheckbücher. Oh, sag es mir bitte!"

Er lachte fröhlich. „Zehntausend Vermutungen und du würdest es nie schaffen. Meine liebe Dame, ich bekenne mich zu Culdees."

Vestalia dachte eine Weile ernsthaft über die Informationen nach und warf einen verstohlenen Seitenblick zu, um herauszufinden, ob ihm das mehr Spaß machte. „Sie können sehen, wie unwissend ich bin", bemerkte sie schließlich. „Sie werden sofort erkennen , dass Sie Ihre Zeit mit mir verschwenden. Was *sind* Culdees? Oder ist es eine Sache? Ich versichere Ihnen, dass ich nicht die geringste Ahnung habe."

„Es ist ein Geheimnis", versicherte er ihr in einem Tonfall, der ernst sein wollte, in ihrem Ohr jedoch einen scherzhaften Ton erkennen ließ.

Sie schüttelte genüsslich seinen Arm. „Als ob wir an unserem Geburtstag Geheimnisse haben könnten!" Sie weinte. „ Erzähl mir sofort alles über Culdees! Ich bestehe darauf."

„Aber ich weiß nichts über sie. Das ist das Geheimnis – niemand weiß etwas über sie. Ich beziehe ein Gehalt dafür, dass ich jedes Jahr drei Wochen damit verbringe, einer Klasse junger Männer, die überhaupt nichts über die Culdees wissen wollen, zu erklären, dass sie es unmöglich tun könnten, wenn sie etwas über sie erfahren wollten."

„Gibt es, soweit Sie wissen, noch mehr solcher Jobs?" fragte das Mädchen. „Es würde einfach zu mir passen." Dann sprach sie weniger leichtfertig. „Ich fürchte, Sie haben bereits herausgefunden, wie oberflächlich und schlecht informiert ich bin. Du denkst, es lohnt sich nicht, ernsthaft mit mir zu reden!"

Er schien von ihrer Zurechtweisung sehr betroffen zu sein. „Meine liebe Dame –", begann er in einer ernsthaften Ablehnung.

"NEIN; Was ich meine ist –", unterbrach sie ihn – erfreut über seine zur Schau gestellte Reue, aber noch mehr interessiert an dem Fluss ihrer eigenen Ideen und dem Klang ihrer eigenen Stimme, die seitdem musikalische Intonationen und fein abgestimmte Kadenzen angenommen hatte Frühstück, das für sie mit Freude neu war – „Ich meine, Männer haben keinen wirklichen intellektuellen Respekt vor Frauen; Sie betrachten sie in ihren tiefsten Gedanken nicht als ihresgleichen; Sie betrachten sie immer noch, wie ihre Vorfahren vor Tausenden von Jahren, als bloße Spielzeuge, Spielzeuge, Kreaturen, denen man auf die Wange klopfen und mit denen man angenehmen Unsinn reden kann, wenn es nichts Besseres zu tun gibt. Und das Schlimmste daran ist, dass so viele Frauen – eine große Mehrheit – damit zufrieden sind und nichts Höheres anstreben, und dass sie die Regeln für den Rest festlegen; und deshalb finden sich junge Frauen, die Ambitionen *haben* und den Wunsch haben, den Männern ebenbürtig zu werden und hohe Ideale des intellektuellen Lebens aufzustellen – sie finden sich selbst – finden sich selbst –"

„Erfahre, dass sie von denen, denen sie gut genug sind, Gesellschaft zu leisten, mit großer, aufrichtiger Sympathie und Freundschaft entgegengebracht werden", beendete Mosscrop den Satz für sie. Er lächelte vor sich hin, als er ihren Arm noch fester drückte. Das Mädchen war es nicht gewohnt zu trinken, und Capri und Maraschino waren ihr auf die Zunge gegangen. Er selbst war sich ihrer Einflüsse wohltuend bewusst, und auf den zweiten Blick mochte er seine Gefährtin umso mehr, weil sie seinem Beispiel mit unschuldiger Furchtlosigkeit gefolgt war. Der Reiz der ganzen Erfahrung verstärkte seinen Einfluss auf ihn. Er blickte zärtlich auf sie herab. „Ja, sehr echte Freundschaft – und Dankbarkeit", wiederholte er mit leidenschaftlicher Stimme.

Sie verbarg nicht die Freude, die sie sowohl an ihrem Aussehen als auch an ihrem Ton hatte. „Die Idee einer *echten* Kameradschaft ist in meinen Augen so wertvoll“, murmelte sie – „ eine wahre geistige Gemeinschaft.“ Es gibt nichts anderes im Leben, wofür es sich zu leben lohnt. Glauben Sie, dass es eine *echte* Freundschaft ohne echten intellektuellen Respekt geben kann?“

„Oh, ich selbst würde das nicht allzu sehr betonen“, antwortete er leichthin. „Ich finde, dass die Kerle, die ich wirklich am meisten mag – die Männer, mit denen ich den größten Trost finde, Zeit mit ihnen zu verbringen – in intellektueller Hinsicht gewaltige Dummköpfe sind, aber natürlich“, fügte er hastig hinzu, „das . “ ist unter *Männern* . Ich habe noch nie etwas über Freundinnen gewusst – also über das, was man ehrlich gesagt Freundinnen nennen kann. Aber ich lerne schnell. Ich bin an dem Punkt angelangt, an dem ich mir ein Ideal ausgedacht habe: Sie muss groß sein und ihr Hut muss knapp über meinen Kragen streifen. Sie muss das wundervollste blassgelbe Haar der Welt haben, das hübscheste Gesicht und neue französische Stiefel – und –“

„Es ist dir völlig egal, was für einen Verstand sie hat“, warf Vestalia traurig ein.

„Ah, du hast mich nicht ausreden lassen. Sie wird einen mutigen und doch zärtlichen Geist haben, einen weiten und fähigen Geist, aber ohne Arroganz, ein Temperament, das sich an jede vorübergehende Stimmung anpasst, sonnig, schattig, fröhlich, nachdenklich, abenteuerlustig, schüchtern – alles ebenso voller süßer kleiner Wendungen und Wendungen Unerwartete Dinge im Allgemeinen wie ein Apriltag. Ich möchte nicht, dass sie gelernt hat: Ich sollte sie hassen, wenn sie logisch ist. Ich mag sie so wie sie ist: Ich würde sie um nichts in der Welt verändern lassen.“

Im Detail ließ die Definition vielleicht etwas zu wünschen übrig. Doch die Form der Präsentation ließ Vestalia ein Gefühl der Befriedigung aufkommen . Etwa ein Dutzend Schritte lang schmiegte sie sich noch näher an seine Schulter, und als sie sich dann zurückzog, ließ er ihn spüren, dass es daran lag, dass sie sich in der Oxford Street befanden, und aus keinem anderen Grund.

„Oh, was für ein wunderschöner Tag!“ war alles, was sie sagte.

Sie wandten sich nach rechts und schlenderten ziellos den breiten Bürgersteig entlang, hielten ab und zu inne, um einen Blick auf die Auslagen eines Händlers zu werfen, und trieben dann wieder weiter, dicht beieinander. Vor dem Schaufenster eines Buchhändlers an einer Ecke machten sie einen etwas längeren Halt. Mosscrop überflog aufmerksam die Titelreihen und redete dabei. Zwischen Kommentaren zu den Bänden, die sie betrachteten, und müßigen Bemerkungen zu Themen, die diese anregten, nahm sie also diesen weiteren Bericht über die Angelegenheiten ihrer neuen Freundin auf.

„Ich habe dir gesagt, dass ich Schotte bin", sagte er. „Ich war der Sohn eines Faktors, eine Art Verwalter eines großen Anwesens, und seit ich denken kann, habe ich nie etwas anderes getan, als zur Schule zu gehen. Es ist, als wäre ich in einem Klassenzimmer geboren und auf einer Tafel gebettet. Dafür ist es ein schreckliches Land; Die Studiengebühren brüten darüber wie eine Pest. Ihre Idee besteht darin, aus dem Gehirn jedes Kindes eine Art intellektuelles Haggis zu machen; Je mehr verschiedene Dinge darin sind, desto größer ist der Ruhm des Lehrers und der Stolz der Eltern. Ich schaudere jetzt, wenn ich daran denke, wie viel ich im Alter von zwölf Jahren wusste. Was mein achtzehntes Lebensjahr betrifft, als ich die Strathbogie - Ausstellung besuchte, hätten Konfuzius, John Knox und Lord Bacon auf einmal Angst vor mir gehabt. Meine Informationen waren entsetzlich. Meine Mutter starb vor lauter Überraschung darüber, ein solches Wunderkind zur Welt gebracht zu haben. Mein Vater begann zu trinken. Die Großartigkeit meiner Leistungen brachte ihn nicht nur aus dem Gleichgewicht, sondern verunglückte auch den gesamten Bezirk. Es ist das Gesetz der Geschichte, wissen Sie, dass Gemeinschaften und Nationen bis zu einem bestimmten Punkt Fortschritte machen, in einem goldenen Zeitalter großartiger Produktivität eine krönende Tat vollbringen und dann verkümmern und vernichten. Nun, meine Pfarrei errichte, nachdem sie mich hervorgebracht hatte, ihren Höhepunkt. Die Industrie schwächelte, das Unternehmen ging zugrunde; Auf dem Land selbst wurde nicht mehr so viel Mais pro Hektar angebaut wie früher. Den Leuten blieb nichts anderes übrig, als sich in den Tavernen zu versammeln und mit angehaltenem Atem über meinen kometenhaften Aufstieg am akademischen Himmel zu diskutieren. Oh, ich war ein höchst bemerkenswerter junger Mann!

Nachbarschaft auch einen bemerkenswerten alten Mann gab . Er kam von niemandem Bestimmtem und ging jung weg. Die Menschen hatten längst vergessen, dass es einen solchen Jungen gegeben hatte, als er eines Tages zu uns zurückkehrte, in hohen Jahren und unglaublich reich. Ich meine nicht, dass er mit seinem Geld unrechtmäßig umgegangen ist. Gott weiß, wie er es bekommen hat; Es hieß, es hätte etwas mit geräuchertem Fisch zu tun. Was auch immer seine Quelle war, sein Reichtum war in seinen Ausmaßen mutwillig, absurd und kriminell. Er hatte keine Verwandten mehr. Natürlich wussten wir, dass er eine Bildungseinrichtung aufbauen und stiften würde. Alle reichen alten Schotten tun das ganz normal. Sie haben für uns auf jedem Hügel so unzählige brandneue Colleges und Seminare errichtet, dass ich mich wundere, dass selbst die Kaninchen und Fasane dem Erlernen der Buchstabierung entkommen können. Es gibt Logarithmen in der Atmosphäre selbst.

„Aber dieser alte Mann ließ sich nicht von einer bloßen Akademie abschrecken. Er errichtete ein wahres Lehrschloss, eine erstklassige Festung der Gelehrsamkeit. Und er hatte eine Idee von etwas, das unter allen Schulen der Welt einzigartig sein sollte. Es war alles seine eigene Idee. Selbst in Schottland war es niemandem sonst in den Sinn gekommen. Sie müssen wissen, dass es in der frühen schottischen Kirchengeschichte, etwa vom achten bis zum zwölften Jahrhundert, gelegentlich Erwähnungen von einigen Grenzern namens Culdees gibt, die anscheinend eine eigene kleine priesterliche Show abgehalten haben, etwas zwischen Einsiedlern und regulären Kanonikern – Es ist jetzt absolut unmöglich, genau zu erkennen, was sie waren. Aber dieser außergewöhnliche alte Mann war sich dessen ganz klar im Klaren. Er hatte sich das alles selbst ausgedacht. Er sagte, dass „Culdees" natürlich nur eine populäre Verballhornung von „Chaldees" sei. Er liebte es, darüber mit allen zu diskutieren, und das tat er auch – mein Wort dafür: Er tat es! Wie niemand in Schottland jemals einer Ansicht oder Meinung einer anderen Person zustimmt, aber die Kunst, anderer Meinung zu sein, im Laufe der Jahrhunderte auf ein fein moduliertes System reduziert wurde. Alle bestritten seine lächerliche Vorstellung von den „Chaldäern" – sie hätten genauso entschieden dagegen gekämpft, wenn es klug gewesen wäre –, aber er war ein sehr reicher Mann und hatte wohlwollende Absichten gegenüber dem Bezirk, und deshalb „brüllten sie ihn." sanft wie jede saugende Taube.' Sie konnten seine Behauptung nicht zugeben, oh nein, aber sie ließen ihn spüren, dass sie darüber nachdachten, dass es einen Eindruck auf sie hinterlassen hatte und dass sie es mit der Zeit vielleicht anders sehen würden.

„Das Ergebnis war, dass der alte Idiot einen Culdee-Lehrstuhl an der Fakultät seines neuen Colleges eingerichtet hat und dieser mehr Geld wert war als jede andere Professur dieser Gruppe. Die Berühmtheit meiner Auftritte in der Schule war damals frisch und drang an seine Ohren. Er gab mir das Billet und bestätigte es mir in seinem Testament, als er ein Jahr später starb – und das ist alles."

„Und du arbeitest eigentlich nur drei Wochen im Jahr? Und dafür ein ganzes Jahresgehalt bekommen?"

Vestalia betrachtete ihn erstaunt, als sie die Frage stellte.

Sie waren inzwischen die große Durchgangsstraße entlang geschlendert, hatten sie überquert und waren in einen schmaleren Seitenweg gelangt.

„Es sind kaum drei volle Wochen Arbeit", antwortete er. „Es gibt nichts, was einer neuen Entdeckung im Wege steht. Reeves und Skene und andere Kerle haben den letzten Strohhalm in den Stoppeln aufgesammelt. Ich mache zwar jeden Herbst ein paar Vorlesungen, aber es ist wirklich so ein schrecklicher Blödsinn, dass ich mich schäme, den Studenten ins Gesicht zu sehen, ganz zu schweigen von meinen Mitprofessoren. Glücklicherweise sind die meisten Letzteren Geistliche, und das macht es etwas einfacher. Sie wissen, dass sie in ihrem eigenen Sortiment genauso große Betrüger sind wie ich, und deshalb sagen wir nichts darüber."

„Was mir auffiel", begann sie zögernd, „Sie haben eher gesprochen – ich meine, Sie scheinen dem alten Herrn, der das alles für Sie arrangiert hat, nicht sehr dankbar zu sein – und für mich scheint es das Wunderbarste zu sein." Ich habe jemals davon gehört. Ich würde seinem Andenken auf meinen gebeugten Knien jeden Tag meines Lebens danken, wenn *ich* der Professor von Culdees wäre. Ich brachte es nicht übers Herz, mich über ihn lustig zu machen; Ich sollte immer an ihn denken und ihn als meinen Wohltäter verehren *!*"

"Hmm!" sagte Mosscrop . „Ich bin mir nicht sicher, ob ich mir nicht wünschte, er wäre nie geboren worden oder an einem Knochen eines seiner verdammten finnischen Bösewichte erstickt, bevor er jemals zu uns zurückkam!"

Der Klang in seiner Stimme, der an ein mürrisches Rasseln von Ketten erinnerte, erinnerte sie lebhaft an die Szene seiner Verzweiflung im Restaurant.

Sie beeilte sich, ihre Hand auf seinen Arm zu legen.

„Oh, siehst du, wo wir sind?" schrie sie lebhaft und nutzte die Gelegenheit zur Ablenkung.

Tatsächlich lag ein Teil der stattlichen Fassade des Museums vor ihnen und füllte die Perspektive der kleinen Straße bis zur Vollendung aus. Sie waren instinktiv auf dieses vorgeburtliche Rendezvous ihrer Freundschaft zugegangen. Ihre Augen wurden jetzt weicher, als sie den grauen, von Säulen getragenen Mauerblock betrachteten, der sich über das Ende ihres Nebenwegs erstreckte.

„Es zieht uns an wie ein Magnet", sagte Moss-crop. „Komm, was sagst du? Sollen wir eine Stunde hineingehen und umherschlendern, als wären wir nette Landleute, die nach London kommen, um die Sehenswürdigkeiten zu besichtigen? Ich würde es mir wünschen."

„Der liebe alte Ort!" seufzte Vestalia mit sanfter Stimme.

KAPITEL IV.

Es war eine lange Stunde, die das Museum von ihnen verlangte.

„Das ist es, was mich immer am meisten anzieht", sagte Mosscrop beim Betreten. Er wandte sich nach links und ging voran in die kleine Galerie mit römischen Porträtbüsten. „Sehr oft komme ich nie weiter. Die Modernität dieser Kerle ist für mich ein immerwährendes Wunder. Es ist, als ob wir sie jeden Tag treffen würden. Schauen Sie sich Caracalla und Septimius Severus an; Sie sind genau wie irische Mitglieder. Und siehe Pertinax hier; Ich kenne mindestens zehn alte Bauern in Elgin, die möglicherweise seine eigenen Brüder sind. Beobachten Sie diesen Mann Hadrian. Er ist das absolute Abbild von Franz I. Sie kennen die Porträts von ihm in Hampton Court – was? ich war noch nie da? Ah, das ist ein Ort, an den wir gemeinsam gehen werden. Dort ist ein Bild von Francis zu sehen – er ist offenbar sehr betrunken und hat die Hand der Herzogin von irgendetwas ergriffen, und sie ist auch in ihren Tassen, und der Wahnsinnige blickt fast lüstern Affenglück der beiden – oh, es ist eine lange Reise wert, nur um dieses eine Bild zu sehen."

„Es klingt nicht sehr einladend", kommentierte Vestalia . „Beschwipste Frauen sind abstoßend, egal, ob sie Herzoginnen sind oder nicht."

Mosscrop kicherte. „Oh, aber Sie müssen den Zeitraum berücksichtigen. Es war die Renaissance, die freudige, überschwängliche, unbekümmerte Renaissance. Wenn Sie erst einmal den inneren Geist davon erfasst haben, werden Sie das Gefühl haben, dass es eine der herrlichsten Zeiten überhaupt war. Und Franz der Erste war der lebendige, atmende Typ davon. Da war ein Mann für dich! Er feierte das ganze Jahr über *seinen Geburtstag*. Und in diesem besonderen Fall war es wohl auch der Geburtstag der Herzogin. Ich hätte gedacht, dass Sie ein so erfreuliches Doppeljubiläum mit mehr Nachsicht betrachten würden."

Vestalia sah ihn zweifelnd an. „Ich hoffe, du meinst nicht, dass *ich* überwältigt bin, wie du es nennst", sagte sie.

Er lachte ihren Verdacht nieder. „Nein, ich lasse nicht zu, dass du so etwas Absurdes anspielst. Mein lieber Freund, ich muss deinen Sinn für Humor kultivieren . Die Wurzeln existieren, aber das Wachstum wird durch das Unkraut von Lambeth erstickt – oder war es so ? Kennington ? Wir müssen sie hochhalten."

„Aber ich weiß nicht, *wann* du Witze machst", protestierte sie. „Außerdem habe ich immer verstanden, dass die Schotten kein Scherzvolk sind."

„Ah, Sie verwechseln zwei Dinge. Von uns wird mit Recht gesagt, dass wir die Witze anderer nur langsam verstehen. Aber wir haben kein Ende damit, selbst Witze zu machen. Und – ah, hier ist Nero. Ich liebe Nero!"

„Ist das auch ein Witz?"

„Ah, nein", antwortete er ernster. „Es liegt in meiner Natur, alle Menschen zu lieben, die die Geschichte zum Verurteilen ausgewählt hat. Wenn Sie die Art von Kreaturen kennen würden, die die Geschichten geschrieben haben – die alten Chroniken und Aufzeichnungen und so weiter – würden Sie meinen Standpunkt verstehen. Sie waren voller Gemeinheit und engstirniger Bigotterie; Sie verleumdeten jeden, den sie nicht erpressen konnten. Nehmen Sie den Fall von Richard Löwenherz und seinem Bruder John in Ihrer eigenen englischen Geschichte. Ersterer war ein wilder und turbulenter Schurke, der alle seine königlichen Pflichten ohne Scham vernachlässigte, seine eigenen Untertanen durch Folter und Vergewaltigung ausplünderte und insgesamt ein Fluch für sein eigenes Volk und alle anderen war. Der bloße Trick, dass er eine Vorliebe für Lieder und Musik hatte, rettete ihn. Er schmierte die Barden ein, und sie verankerten ihn als Helden in der Geschichte. Es ist genau das Gleiche, was jetzt Politiker tun, die sich Mühe geben, sich mit den Zeitungen anzufreunden. Andererseits war John ein vorbildlicher Monarch, fleißig, fleißig, außerordentlich aufmerksam bei der Erfüllung seiner Pflichten und reiste ständig durch das Land, um Gerichte abzuhalten und das Unrecht wiedergutzumachen, das armen Menschen durch die Hände der Barone und der Barone zugefügt wurde Äbte und andere mächtige Raufbolde. Es ist offensichtlich, dass die armen Leute ihn liebten; Auch nach all den Jahrhunderten ist sein Name noch immer der beliebteste Taufname unter ihnen. Aber die Barden und mönchischen Chronisten standen im Sold der Barone und Äbte, und sie stellen John für uns als den bösesten Schurken in der englischen Geschichte dar. So wurde es schon immer gemacht. Ich hätte gerne Neros Seite seiner Geschichte. Ich weiß, dass er ein großartiger Kerl gewesen sein muss, dass er die Historiker so heftig gegen ihn aufgebracht hat. Es würde mich nicht wundern, wenn er wirklich fast so gut wäre wie Richard der Dritte."

„Wie amüsant!" sagte Vestalia an dieser Stelle, und Mosscrop verstand den Hinweis schnell. Sie gingen weiter durch die griechischen Räume, wo das Mädchen eine größere Chance hatte. Sie hatte einige der Studenten gekannt, die es gewohnt sind, an Feiertagen vor den modischeren Statuen Zeit, Buntstifte und gutes weißes Papier zu opfern, und dies hatte ihr das vermittelt, was ihrer Begleiterin wie eine umfassende Vertrautheit mit dem Griechischen vorkam Kunst. Dieser Vorteil folgte und blieb ihr inmitten der düsteren und hohen Fragmente des Mausoleums erhalten und leuchtete um sie herum, als sie dem Fries des Parthenon gegenüberstanden.

„Das ist nicht mein Thema", bemerkte er erfreut. „Das ist ein Hermes, sagst du, und das ist eine geflügelte Siegesgöttin. Ah, und das ist ein Flussgott. Ich glaube nicht, dass ich jemals zuvor hier war. Es ist bezaubernd, mitzukommen. Wir ergänzen uns gegenseitig. Tatsächlich hätte ich vorhersehen müssen, dass Sie sich mit griechischer Kunst auskennen. Es ist genau das Feld, das eine schöne junge Frau anziehen würde. Es passt zu dir – es gehört dir."

"Wie jetzt!" sie ermahnte ihn und hielt spielerisch protestierend einen Finger hoch.

„Oh", drängte er, „wenn ich nicht sagen soll, dass du schön bist, könnten wir genauso gut überhaupt keinen Geburtstag haben." Das ist die elementarste Tatsache, die allen Dingen zugrunde liegt. Es zu ignorieren wäre, als würde man versuchen, den fünften November ohne einen Mann zu feiern."

Wieder warf sie ihm einen zweifelnden Blick zu. „Ich weiß überhaupt nicht, wie ich das ertragen soll", gestand sie mit einem Köcher auf der Lippe.

Er lachte schallend darüber und klopfte ihr fröhlich auf die Schulter. „Diese unnatürliche attische Leichtfertigkeit von mir ist einzig und allein auf den Fries zurückzuführen. Ich bin hier eine Katze in einer seltsamen Mansarde. Beeilen Sie sich mit mir in die assyrischen Räume, wenn Sie den höchsten Grad an Feierlichkeit sehen wollen, den Sterbliche zu erreichen haben."

Er hielt sein Wort nicht ganz, als sie anfingen, vor den geschnitzten Tafeln aus Ninive und Khorsabad herumzulungern . Er konnte nicht umhin, seinen Begleiter mit Belehrungen zu überhäufen, denn dies war *sein* Thema, doch er würzte sie mit allerlei lebhaften Kommentaren zu dem ernsten Text. Er hatte sowohl ernst als auch sportlich so viel zu sagen, dass Vestalia seinen Arm nahm und sich darauf stützte, während sie langsam durch die langen Korridore gingen. Der Kontakt war für ihn berauschend. Er konnte nicht sicher sein, ob sie einen großen Teil seiner Rede verstand, aber zumindest war ihr Vorwand des Interesses sehr hübsch, und die Berührung ihres Arms in seinem war für seine Zunge voller Inspiration.

Unten im Keller oder in der Krypta stand er vor den Löwen von Assur-Banipal und unterhielt sich ausführlich. Sie sagte, sie hätte Byrons „Sardanapalus" gelesen, und er erzählte ihr, wie diese abscheulichen Linguisten, die Griechen, den Namen geändert hatten und wie die assyrischen Legenden eines großen Kriegers und Herrschers in der hellenischen Nachversion verdreht worden seien, um einen darzustellen Sublimation von ausschweifender Weiblichkeit und verrücktem Luxus. Sie hörte mit ihrer Schulter an seiner zu – aber jetzt hatte er auch andere Zuhörer.

„Entschuldigen Sie, Sir“, sagte die eindringliche und besorgte Stimme eines Fremden dicht hinter ihm, „aber Sie scheinen in der Tat außerordentlich gut über diese Skulpturen hier informiert zu sein. Ich hoffe, Sie haben keine Einwände dagegen, dass meine Tochter und ich dort stehen, wo wir Ihre Bemerkungen hören können.“

Mosscrop drehte sich um und sah vor sich einen älteren Mann mit mildem Gesichtsausdruck und extrem weißem Haar und Bart. Er war schlicht gekleidet und trug in der Hand einen breitkrempigen Hut aus geflochtenem weißem Stroh. Er verneigte sich höflich und deutete mit einer sanften Geste auf die junge Dame, die an seiner Seite stand.

„Ich würde mich freuen, Sir, wenn meine Tochter das Privileg hätte, von Ihren Bemerkungen zu profitieren“, wiederholte er und verbeugte sich erneut.

Die Tochter war ein dunkles, wohlgeformtes Mädchen, gekleidet mit viel Eleganz. Ihr Gesicht hatte einen auffallend orientalischen Typ, mit kohlschwarzen Locken, die tief über die Schläfen gezogen waren, und einer Haut von einheitlichem Elfenbeinton. Sie sagte nichts, blickte aber auf Vestalias Haare.

Mosscrop sprach etwas abrupt. „Gern geschehen, aber zufällig habe ich meine Ausführungen, wie Sie sie nennen, beendet.“

„Das ist schade“, antwortete der Fremde mit einem resignierten Seufzer. „Ich habe genug gehört, um mich davon zu überzeugen, dass sie erstklassig waren. Es ist unser Unglück, mein Herr, meins und das meiner Tochter, dass wir zu spät gekommen sind. Ich nehme an, Sir, dass Sie diesem Studienzweig besondere Aufmerksamkeit gewidmet haben?“

Der Professor von Culdees nickte kurz.

„Und darf ich mir die Freiheit nehmen zu fragen, Sir“, beharrte der alte Mann, „ob Sie beruflich damit beschäftigt sind, das Wissen, das Sie so erworben haben, an andere weiterzugeben?“

Ein stürmisches Grinsen begann in Mosscrops Mundwinkeln zu zucken. Er nickte erneut.

„Ich habe die Frage nicht aus reiner Neugier gestellt, Sir“, fuhr der andere fort. „Mein lebenslanger Wunsch, Europa zu besuchen und seine ehrwürdigen Ruinen und seine bemerkenswerten Ansammlungen von Objekten von historischem und künstlerischem Interesse zu betrachten, hat leider zu einer Zeit Erfüllung gefunden, in der die Last meiner Jahre mich zwar nicht von den Freuden abhält Die geistige Leistungsfähigkeit macht mich weniger in der Lage, nach neuen Informationen zu suchen, als ich es früher hätte sein sollen. Ich erkenne auch nur allzu deutlich, dass es mich ungeeignet macht, inmitten dieser Schätze der geschichtsträchtigen Vergangenheit als Führer und Dolmetscher für einen jungen Geist zu fungieren, der so viel frischer und eifriger ist als mein eigener. Ich bin mir dessen bewusst , Sir, und würde mich freuen, mit den zuständigen Personen eine mögliche Vereinbarung zu besprechen, durch die meine Mängel in diesem Zusammenhang behoben werden könnten."

Die sorgfältige und respektvolle Höflichkeit, mit der der alte Herr sprach, machte eine knappe Antwort unmöglich. Mosscrop blickte mit einem verwirrten Lächeln vom Vater zur Tochter.

„Sie sind Amerikaner, nehme ich an?"

„Wir kommen aus Paris, Sir." Er beeilte sich hinzuzufügen: „Aus Paris, Kentucky. Ich dränge mich auf die Erklärung, weil ich finde, dass unter Ausländern häufig die Tendenz besteht, unsere Stadt mit der berühmten Metropole auf dem Kontinent zu verwechseln, die denselben Namen trägt, aber einen Ort mit ganz anderem Charakter hat. Für einen Gelehrten wie Sie hätte ich jedoch vielleicht erkannt , dass ein solcher Fehler unmöglich wäre. Ich bitte um Verzeihung, Sir."

„Oh, erwähne es nicht", antwortete Mosscrop leichthin. Er konnte sich nicht erinnern, jemals zuvor von einem solchen Ort gehört zu haben, und für einen Moment war er versucht, es zu sagen. Aber im Gesicht und in der Art des alten Mannes lag eine Wirkung süßer Einfachheit, die seine Zunge zurückhielt. „Nun", sagte er stattdessen, „was wünschst du dir? Ich bin mir nicht sicher, ob ich Ihre Idee ganz verstanden habe. Möchtest du , dass jemand mit dir herumgeht und dir Dinge zeigt?"

„Nicht in der gewöhnlichen Bedeutung, die dieser Beschreibung zukommt", antwortete der andere. „Wir verlangen nicht, dass uns Dinge im wahrsten Sinne des Wortes gezeigt werden, aber ich hatte gedacht, dass, wenn wir bei unserer Besichtigung der verschiedenen Sehenswürdigkeiten, für die Europa zu Recht berühmt ist, von einer Person mit Gelehrsamkeit und Gelehrsamkeit begleitet würden Auch wenn die Art der Übermittlung außergewöhnlich ist, wäre die Erfahrung für meine Tochter von viel größerem praktischen Wert. Natürlich, Sir, ist mir bewusst, dass professionelle Unterstützung dieser hohen Art nicht ohne entsprechende Vergütung zu erhalten ist, aber das ist eine Überlegung, die für mich kein Hindernis darstellt."

David spürte, wie Vestalias Hand auf seinem Arm zitterte.

„Ich kann mir vorstellen", sagte er freundlicher, „dass eine solche Beziehung für viele verdiente und sehr fähige Männer äußerst willkommen sein könnte." Aber im Moment muss ich leider sagen, dass mir niemand einfällt, den ich Ihnen empfehlen könnte. Außerdem kennst du mich nicht von Adam; Wie könnte ich also jemand anderem einen Charakter geben ?"

„Ich bitte um Verzeihung, Sir", entgegnete der alte Herr, „aber wir haben uns die Freiheit genommen, Ihnen durch die letzten beiden langen Flure dicht auf den Fersen zu sein. Offenbar waren Sie so in Ihr Thema vertieft, dass unsere Nähe Ihrer Aufmerksamkeit entgangen ist, aber wir haben mit größtem Interesse zugehört, und ich kann auch sagen, dass sich alles verbessert hat, was Ihnen über die Lippen gekommen ist. Auf diese Weise, Sir, war ich in der Lage, mir eine Einschätzung Ihrer individuellen Eigenschaften und ebenso Ihrer Kenntnisse zu bilden. Ich möchte hinzufügen, dass ich besonders beeindruckt bin von der Tatsache, dass meine Tochter von Anfang bis Ende einen außergewöhnlichen Eifer an den Tag gelegt hat, nichts von Ihrer Rede zu verpassen. Da das Hauptziel meines Besuchs in Europa, wie auch meines gesamten Lebens, darin besteht, meiner Tochter die höchste Form geistiger Freude und Erbauung zu bieten, kann ich meine Augen nicht vor der Entdeckung verschließen, dass Ihre Bemerkungen zur assyrischen Geschichte eine ... hervorgebracht haben Ich habe einen viel tiefgreifenderen Eindruck auf ihr junges Gemüt gemacht als alles, was ich im Rahmen meiner schwindenden Kräfte für sie hervorbringen konnte. Ich habe sie selten so vertieft gesehen, selbst bei unseren besten Vorträgen."

David unterdrückte ein Gähnen und machte eine kleine Verbeugung, wobei er sich, während er sich umdrehte, bemühte, auch die junge amerikanische Dame einzubeziehen, deren Kultur Gegenstand so großer Besorgnis war. Seine Bewegung ließ auf ihrem Gesicht einen Ausdruck verächtlicher Müdigkeit entstehen, der das ganze Gesicht hell und gefühlvoll zu machen schien. Beim Anblick seiner Augen beruhigten sich ihre sultanenähnlichen Gesichtszüge wieder zu einer fast gleichgültigen Ruhe . Sie betrachtete ihn einen Moment lang träge, dann wandte sie den Blick gelassen über die Dinge im Allgemeinen ab. In diesem flüchtigen Blick war eine Herausforderung zu lesen, die sein Herz in Wallung brachte.

„Nun, was Sie sagen, ist zweifellos schmeichelhaft", bemerkte er mit leicht veränderter Stimme zum Vater. „Es könnte sein, dass ich jemanden für dich finden könnte."

Der alte Herr verneigte sich feierlich. „Gestatten Sie mir zu sagen, Sir, dass ich jemanden gefunden habe – eine Person mit einzigartigen Qualifikationen für die von mir beschriebene Position. Ich brauche jetzt nichts weiter als die Macht, seine Entscheidung in einer Weise zu beeinflussen, die meinen

Bestrebungen entgegenkommt ." Er wandte sich an Vestalia . „Ich fühle mich ermutigt, Madame, Ihre Hilfe zu benötigen, um Ihren Mann mit meinem Projekt in Einklang zu bringen."

Vestalias Hand flatterte scharf auf Davids Arm und sie öffnete ihre Lippen, um zu sprechen. Im Moment war ein spöttisches Schnaufen der Tochter zu hören.

„Es ist meine Regel, mich niemals einzumischen", antwortete Vestalia mit plötzlicher Entscheidung und mit kalter, deutlicher Stimme. „Er ist durchaus in der Lage, solche Angelegenheiten selbst zu regeln." Mit beeindruckendem Blick blickte sie vom Vater zur Tochter und zurück.

Mosscrop lachte unbehaglich. „Nun – ich fürchte, Sie müssen davon ausgehen, dass die Sache geklärt ist – ich sehe kaum eine Möglichkeit, von Ihrem sehr kostenlosen Angebot Gebrauch zu machen."

Der Amerikaner bemerkte das Zögern in seiner Stimme. „Vielleicht denken Sie darüber nach", sagte er und tastete mit der Hand in seiner inneren Brusttasche herum. „Gestatten Sie mir, Sir, Ihnen meine Karte zu geben . Adele, hast du einen Bleistift? Danke schön. Ich werde darauf den Namen des Hotels schreiben, in dem wir wohnen."

Mosscrop nahm die Karte, warf einen Blick darauf und nickte. „Für den äußerst unwahrscheinlichen Fall, dass ich meine Meinung ändere, werde ich Sie informieren", sagte er. "Guten Tag."

Als sie sich trennten, schien der Vater in den Augen der Tochter zu lesen, dass er etwas vergaß. Er zögerte einen kurzen Moment; dann erhellte sich sein freundliches Gesicht. „Entschuldigen Sie, Sir", bemerkte er, „aber ich habe es versäumt, mich über Ihre Identität zu informieren – wenn ich das insoweit annehmen darf."

David suchte vergeblich in seiner Tasche. „Ich habe keine Karte dabei. Mein Name ist David Mosscrop . Der Barbary Club wird mich finden. Ich werde es für dich schreiben."

Der alte Mann musterte das Gekritzel in seinem Notizbuch und führte seine Tochter dann nach weiteren Verbeugungen weg. Sie ging stolz und gleichgültig hinter ihm her , den Kopf in die Luft gereckt, und die Bewegungen ihrer Gestalt wirkten fast wie eine Prahlerei.

Mosscrop beobachtete sie mit grübelndem Blick, bis sie den Raum verlassen hatten. Dann warf er einen Blick auf die Karte und lachte leicht. "Herr. „Laban Skinner, Paris, Kentucky. – Savoy Hotel", las er laut vor.

„Skinner? Ist ihr Name Skinner?" förderte Vestalia eifrig.

"Keine andere. Warum? Es ist doch ein guter Name für sie, nicht wahr?"

„Oh ja – gut genug", antwortete das Mädchen und sprach jetzt mit übertriebener Lässigkeit.

„Diese Amerikaner sind urige Leute!" kommentierte Mosscrop . „Wenn ich die Reden dieses alten Mannes buchstäblich in einem Buch niederschreiben würde, würde ihnen niemand Glauben schenken. Stellen Sie sich das Schicksal einer jungen Frau vor, die dazu verdammt ist, an so einen absurden alten Phonographen gekettet um die Welt geschleppt zu werden! Es schmerzt einem wirklich das Herz, daran zu denken. Auch ein wirklich gutaussehendes Mädchen."

Vestalia zog ihren Arm zurück. „Vielleicht", sagte sie eisig, „könnten Sie sie einholen, wenn Sie sich beeilen würden. Ich muss darauf bestehen, dass Sie mir nicht gestatten, Sie festzuhalten, wenn Sie Interesse daran haben. Ich werde es alleine ganz gut schaffen." Mosscrop begriff langsam, was sie meinte, nachdem er ihr gerötetes und verstörtes Gesicht eingehend geprüft hatte. Als es zu ihm kam, schrie er seine Fröhlichkeit heraus. Ein Blick in die Kammer zeigte ihm, dass sie mit den Löwen und den geschnitzten Bildnissen von Sardanapalus allein waren.

Er legte einen Arm um Vestalias Taille und drückte ihn heftig, wenn auch flüchtig.

„Warum, du lieber kleiner Kanarienvogel von einem Geschöpf, denkst du etwa, dass ich dich vergessen habe?" er weinte. „Habe ich nicht jede Minute an die Berührung deines Arms in meinem gedacht? Habe ich diesen alten Blödmann nicht ständig verflucht, weil er unseren Geburtstag gestört hat? Schau zu mir auf! Schämst du dich wirklich nicht?"

Sie erlaubte ihm, ihr Gesicht zu heben, seinen Finger unter ihrem Kinn, und sie bemühte sich tapfer, zu lächeln, als er sie ansah. „Wenn es wirklich – oh, wirklich – immer noch unser Geburtstag ist – derselbe wie zuvor", antwortete sie wehmütig.

„Es ist hundertmal mehr unser Geburtstag als je zuvor!" er protestierte entschieden.

Ein älterer Wärter in Uniform schlurfte in den Raum.

„Na dann", flüsterte Vestalia , „lasst uns woanders hingehen, um den Rest zu feiern." All diese Steintiere und Bilder und Mumien – ich habe nicht das Gefühl, dass sie mir an meinem Geburtstag Glück gebracht haben."

Also wanderten sie wieder hinaus in die Sonne, und Mosscrop gestand, dass er sich über die Veränderung freute. Wohin sollen sie gehen? Er merkte, dass ihm jegliche Anregung fehlte. Die Verantwortung für die schicke Bewirtung einer jungen Dame am Tag war eine neuartige Erfahrung, und das sagte er auch.

„Oh, lass uns einfach herumschlendern", drängte sie. „Ich liebe diese alten Bloomsbury Squares. Sie sind so dumm."

Die Mittagspause kam und bot Mosscrop einen willkommenen Vorwand, einen Hansom zu nehmen. Eine gewisse formlose Befürchtung, jemanden zu treffen , den er kannte – obwohl er beim besten Willen nicht sagen konnte, warum er sich davor fürchten sollte –, hatte die Freude an seinem Streifzug getrübt. Sie fuhren zu einem anderen Restaurant, dieses Mal zu einem größeren Lokal in einem anspruchsvolleren Viertel – und obwohl sie einen kleinen Tisch für sich hatten, war der Raum voller anderer.

David wusste sowohl über Mittagessen als auch über Frühstück Bescheid. Er gab dem Kellner sehr genaue Anweisungen, wie man ein Moorhuhn teilen und grillen sollte, und ließ seinen Blick mit der souveränen Unterscheidung eines Experten über die Champagnerliste schweifen. „Ich werde es mit Nummer 34a noch einmal versuchen", sagte er zum Butler. „Lass es auf 48 abkühlen, dann werden wir sehen, wie es ist."

Vestalia bemerkte, dass er mit den Kellnern in einem sanften, ernsten Ton sprach, in den sich auf subtile Weise Nuancen sanfter Melancholie und liebevoller Autorität mischten, was er gegenüber keinem anderen gewohnt war. Er erweckte bei ihr den Eindruck, dass er sich an einem Tisch von seiner besten Seite zeigte. Sie mochte ihn besonders, als er dem Butler den Korken abnahm, ihn zärtlich mit Daumen und Finger drückte, während er ihn prüfte , und dann dem Diener höflich und anerkennend zulächelte. Diese Person trug eine Kette um den Hals, und die Flasche, die er mitbrachte, war in gestärkte Windeln gehüllt – und das Mädchen beobachtete beides mit dem Interesse, das mit Neuheit einhergeht. Aber noch interessanter war es zu sehen, wie perfekt ihre Begleiterin alles leitete.

Sie selbst fühlte sich viel weniger wohl. David bemerkte, dass sie während des Essens ihre Hände so oft wie möglich im Schoß unter dem Tisch behielt und dass in ihrem allgemeinen Benehmen eine gewisse Zwanghaftigkeit herrschte, die beim Frühstück gefehlt hatte. Er führte es auf ihre Schüchternheit angesichts der vielen geschäftigen Menschen in der überfüllten Wohnung zurück und redete ab und zu lebhaft, um sie zu beruhigen. Vor allem hatte er die Pflicht, dafür zu sorgen, dass ihr Glas gefüllt war, und er klang fast gebieterisch in seinem Ton ihr gegenüber, was das Moorhuhn anging. Danach aß sie ihr Stück mit bescheidener Entschlossenheit bis zum Ende.

Als sie wieder im Freien waren, mobilisierte er sie mit der Zurückhaltung, die sie an den Tag gelegt hatte. „Du darfst nichts dagegen haben, dass viele Leute in der Nähe sind", sagte er väterlich. „Sie gehen dorthin, wo es die beste Küche gibt, und es ist klug, auch dorthin zu gehen; Außerdem freuen sie sich nur zu sehr, ein hübsches Gesicht unter sich zu sehen. Hast du nicht die ganze Zeit gespürt, wie stolz ich auf dich war?"

Draußen hatte sie ihre Lebenskraft und Selbstsicherheit wiedergefunden. Sie lächelte ihn mit offener Fröhlichkeit an. „Ich werde Ihnen sagen, wie Sie noch stolzer sein können", sagte sie. „Ich weiß, dass es Ihnen nichts ausmachen wird, wenn ich das sage – aber ich sollte wirklich ein paar Handschuhe haben."

„Ich bin ein Unmensch, dass ich nicht daran gedacht habe", machte sich Mosscrop Vorwürfe. „Hier ist ein Ort, ganz in der Nähe. Diesmal kann ich wohl ohne Frage reinkommen."

Sie hielt ihm mit gespielter Ermahnung einen Finger entgegen. Als sie sich dann umdrehten, um den Laden zu betreten, flüsterte sie: „Ich sah, wie dieses amerikanische Mädchen mit all ihren Augen auf meine bloßen Hände schaute."

„Oh, pshaw – viele Frauen tragen keine Handschuhe. Du darfst nicht jedem gegenüber so misstrauisch sein, der in deine Richtung schaut. Hundert zu eins denken sie die ganze Zeit an sich selbst."

„Ah, aber du kennst keine Frauen", blieb sie mitten im Eingang stehen und murmelte. „Ich konnte in ihren Augen lesen, dass sie bemerkt hatte, dass ich keinen Ring trug."

„Nun, und auch da", protestierte Mosscrop , „übertreiben Sie die Wichtigkeit der Sache." Viele Frauen tragen auch keine Ringe – zumindest nicht bei gewöhnlichen Anlässen."

Sie blickte ihn belustigt an. „Vielleicht ist Ihnen nicht aufgefallen, dass ich eine verheiratete Frau sein sollte", sagte sie und wandte sich dann abrupt der Theke zu.

KAPITEL V.

A h ich! Selbst der längste und glücklichste Tag muss ein Ende haben!"
seufzte Vestalia .

„Das ist kein neuer Gedanke", antwortete David. „Aber ich habe noch nie
begriffen, wie unwillkommen es sein könnte."

Sie sprachen in der stillen Dunkelheit der wolkigen Sommernacht in
sanftem, bedauerndem und nachdenklichem Ton miteinander. Sie waren die
letzten gewesen, die das Greenwich-Schiff verlassen hatten, als es zum letzten
Mal zu seinen Liegeplätzen in der Stadt zurückkehrte, und nachdem die
anderen gegangen waren, blieben sie einen Moment auf dem schwimmenden
Pier stehen – das sanfte Wellen der Flut unter ihren Füßen, auf dem ihr Blick
verweilte die schwarze stille Weite des Flusses.

Rückblickend war der Tag tatsächlich sehr lang und rundum glücklich
gewesen. Seine Struktur der Freude war auf den einfachsten und
unschuldigsten Grundlagen aufgebaut. Sie waren zuerst in den Zoologischen
Garten gegangen, der sich Mosscrops geistiger Suche zufällig als eine nicht
außergewöhnliche Ressource bot . Auch hier fehlte ihm die Inspiration nicht,
denn als die großen menschenfressenden Katzen gefüttert waren und die
üblen Hyänen nebenan heiser geschrien hatten und die Reize der
Naturgeschichte ansonsten zu schwinden begannen, kam ihm der
bemerkenswerte Gedanke an das Fischessen in den Sinn Greenwich erhob
sich mit einer großartigen Gelegenheit im Kopf.

Nach diesem Fest, als die beiden unter den großen Bäumen spazieren
gingen, entdeckte die Dämmerung sie. Die Schatten, die sich zwischen den
fernen Schiffen vertieften und sich nach unten schlichen, um das reflektierte
Weiß des östlichen Himmels jenseits des Flusses zu verdunkeln, brachten
Träumerei in ihren Zug. Mosscrop bemerkte einen bitteren Geschmack in
seiner Zigarre und zündete sich ungeduldig eine neue an. Das Mädchen
lehnte sich mit einem neuen Anflug von Abhängigkeit auf seinen Arm. Sie
zogen in stillschweigender Zustimmung vor der festgesetzten Zeit zum Kai
hinunter, nahmen am Ende auf einer Bank Platz und blickten
geistesabwesend auf das Wasser, wobei sie nur gelegentlich ein Wort sagten.
Während sie so saßen, brach der Abend über ihnen herein. Dann kam das
Boot, und sie gingen an Bord und ließen sich relativ zurückgezogen am Heck
nieder, immer noch in fast ununterbrochener Stille.

Und nun lag auch die vollendete Reise hinter ihnen. Sie standen dicht
beieinander, ließen sich von der leichten Bewegung des Floßes auf dem
plätschernden Wasser wiegen und grübelten traurig darüber nach, dass ihr
Tag vorbei war.

„Wir enden, wie wir angefangen haben – mit dem Fluss", murmelte Vestalia . Sie zitterte bei seiner Berührung, als sie sprach.

„Erinnern Sie sich an Henleys Zeilen", sagte David nachdenklich – =

„ " „ Der Geruch von Schiffen (der Ernst der Romantik),

„Ein Gefühl von Raum und Wasser und dadurch."

„Eine von Lampen erleuchtete Brücke, die den unruhigen Himmel berührt,

„Und schau, schau! ein Gewirr silbriger Schimmer,

„Und düstere Lichter, unser Fluss und all seine Träume,

„Seine Träume von einer toten Vergangenheit, die nicht sterben kann." '"=

„Nein, es kann nicht sterben", sagte Vestalia langsam. „Aber seine Beerdigung steht dennoch kurz bevor. Ach, der schöne Tag!"

Sie drehten sich um und schritten den Anstieg hinauf, und dann gelangten sie über dunkle, verlassene Durchgangsstraßen schließlich zu dem offenen Platz rund um St. Paul's. Die Wolken hatten sich geteilt, und die große Kuppel ragte gewaltig vor dem schwachen Licht des Himmels auf. Sie hielten inne, um es zu betrachten, und während sie dastanden, verzogen sich die flauschigen Nebel weit über ihnen, und der volle Glanz des runden Mondes überflutete die Aussicht. Mosscrop blickte zu dem aufflammenden Satelliten auf und dann auf seinen Begleiter. Ein neuer Gedanke funkelte in seinen Augen.

„Und ach, das schöne Morgen auch!" sagte er selbstbewusst. „Mein gutes Kind, kannst du dir vorstellen, dass die Welt untergeht, wenn die Sonne untergeht? Bin ich bei Mondschein weniger dein Freund als am Tag? Werden wir dadurch verändert, dass die Lampen leuchten?"

Vestalia drehte ihr Gesicht in den Schatten und sagte nichts. Mosscrop spürte ihren tiefen Atem an seinem Arm.

„Sie waren den ganzen Tag über sehr pflichtbewusst und gehorsam", begann er, als sie weiter in Richtung Ludgate Hill gingen. „Ich weise die Behauptung zurück, dass Sie jetzt zur Meuterei fähig sind. Lasst uns Klartext sprechen, liebe kleine Dame. Wie können Sie annehmen, dass ich, nachdem ich den ganzen Tag über Sie gewacht habe und mich seit dem Frühstück gerne für Ihr Wohlergehen verantwortlich gemacht habe, jetzt meine Hände in Unschuld waschen und an einer Straßenecke in aller Ruhe „Auf Wiedersehen" sagen könnte?"

„Sie waren sehr , *sehr* nett", sagte Vestalia .

„Und daraus folgt , dass ich jetzt sehr gefühllos und brutal sein sollte, oder? Ich selbst sehe die Logik nicht."

„Das habe ich überhaupt nicht so gemeint", warf sie leise ein. Sie neigte den Kopf, sodass Mosserop ihr Gesicht nicht sehen konnte.

„Wir werden Ihre Bedeutungen nach Belieben entwickeln und analysieren", sagte er mit einem Anflug von Autorität. „Im Moment ist es wichtiger, klarzustellen, was *ich* meine. Die Fakten sind einfach. Du hast kein Zuhause, keine Habseligkeiten, keinen Platz zum Schlafen, keine Ahnung, woher das Frühstück am Morgen kommen soll. Du bist ein wunderschönes Mädchen, und es stimmt, dass unsere Zivilisation so eingerichtet ist, dass schöne Mädchen selten verhungern. Ich kann mich allerdings nicht erinnern, von einem einzigen Fall gehört zu haben. Aber Ihre Position erfordert zwingend die Hilfe von jemandem. Es schrie heute Morgen in aller Frühe laut um Hilfe. Es kam vor, dass die Berufung gehört und beantwortet wurde. Wenn wir abergläubisch wären, würden wir es Vorsehung nennen."

„Oh, aber das tue ich!" protestierte das Mädchen.

„Nun gut, wir *sind* abergläubisch, und es *war* eine Vorsehung. Diese Dinge unterliegen, wie ich informiert wurde, unveränderlichen Gesetzen. Ergo ist es immer noch eine Vorsehung. Wer sind wir, dass wir der Vorsehung trotzen sollten? Ich beschwöre Sie, solche gottlosen Gedanken beiseite zu legen!"

Ein kurzes, schluchzendes Luftholen war ihre einzige Antwort. Er ahnte, dass sie Tränen in den Augen hatte, und verlangsamte seinen Schritt, während sie in der Dunkelheit des verlassenen Abstiegs entlanggingen. Unten unter der Brücke erinnerten ihn die funkelnden Lichter der Fleet Street daran, dass die Geschäfte noch geöffnet waren.

„Ich habe erwähnt, dass Sie keine Habseligkeiten hatten", fuhr er fort, nachdem sie schweigend durch den Zirkus gegangen waren. „Es gibt kleine Dinge, die man braucht – die Toilettenartikel *und so weiter* ." Hier ist ein Geschäft; Nehmen Sie diesen Souverän und holen Sie sich die Kurzwarenstücke, die Ihnen einfallen – so wie sie eine Dame in ihre Garderobe stecken würde, wenn sie über Nacht auf dem Land bleiben würde. Ich werde über den Weg gehen, die Tasche selbst holen und zurückkommen, um dich abzuholen."

Er erfüllte seinen Teil des Unternehmens mit einer fast kindlichen Freude. Damen-Umkleidetaschen kosteten mehr, als er gedacht hatte, aber der Verkäufer sagte, er würde einen Scheck nehmen. David fand etwas, was ihm einfiel – eine zierliche, aber geräumige Kleinigkeit mit hübschen Silberflaschen auf einer Seite und einer überraschend umfangreichen Sammlung kleiner Utensilien – Scheren, Lockenstäbe, ein Maniküre-Set und andere Werkzeuge, deren Bedeutung er konnte Ich kann es nicht einmal erraten – verpackt in urigen kleinen Taschen und Spalten. Das Außenleder war üppig anzusehen und fühlte sich zart an.

Ein paar Türen weiter leuchteten die symbolischen roten und blauen Lichter einer Apotheke. Er eilte dorthin und machte sich eifrig daran, Flüssigkeiten zu kaufen, um diese imposanten Flaschen zu füllen. Der Verkäufer beriet ihn zunächst kühl, dann mit wachsender Begeisterung. Die besten Parfüme und Vinaigres waren sicherlich teuer, aber sie *waren auch* die besten und würden sich für jedes kultivierte weibliche Gemüt bürgen. Es gab erlesene Seifen und Kosmetika, die jedes sanfte Herz erfreuen. Und was die Pinsel angeht – hier waren einige mit Silberrücken und auch der Kamm – passend zu den Fläschchen. Also wurde die Liste ausgefüllt und David stellte mit einem stolzen Lächeln einen weiteren Scheck aus.

Vestalia stand an der Tür des Ladens und wartete mit einem kleinen Papierpäckchen in der Hand. Mosscrop war von seiner Größe enttäuscht und schob es mit einem verächtlichen Stoß in die Tasche. Sie schlenderten weiter die Straße hinauf, und er blickte hoffnungsvoll in jedes erleuchtete Fenster. Die Zurschaustellung rein maskuliner oder neutraler Waren empörte ihn. Die Einkaufsphantasie beherrschte seine Seele.

„Aber du solltest sie wirklich haben. „Du benimmst dich nicht nett zu mir, wenn du ständig ‚Nein‘ sagst", drängte er mehr als einmal, während der Druck des Armes seines Begleiters ihn von den verlockenden Fenstern wegzog. Sie stimmte schließlich dem Kauf einiger Hausschuhe zu – und er sorgte dafür, dass es sich um die erlesensten handelte, die in den Regalen zu finden waren – weiche, luxuriöse kleine Dinger mit Satinfutter und Schnallen aus Perlmutt. Als diese in den Beutel gelangten, war dieser gefüllt. Er erkannte die Tatsache mit einem bedauernden Seufzer.

Das knarrende alte Uhrwerk im Glockenturm von St. Clement Danes setzte sich im Vorbeigehen in Bewegung, und das alte Glockenspiel erklang zur vollen Stunde. Es war neun Uhr.

„Ich hatte über einen Musiksaal nachgedacht", bemerkte er. „Aber wir hatten einen ziemlich vollen Tag – und auch einen langen Tag. Ich weiß, dass du müde sein musst."

„Vielleicht – nur ein bisschen", antwortete sie leise.

„Dann gehen wir nach Hause", sagte er entschlossen.

Es war kein Teil von London, den Vestalia sehr gut kannte. Mosscrop führte sie ein Stück am Strand entlang, überquerte dann die Seitenstraße und bog dann in einen noch engeren Nebenweg ein. Die zerlumpten Liegestühle auf dem Weg hatten etwas Böses, und fast jedes Gebäude schien eine Gastwirtschaft zu sein. An der letzten Ecke ließ eine Klavierorgel von ungewöhnlicher Lautstärke die Luft mit ohrenbetäubendem mechanischen Lärm erbeben. Der Mann drehte die Kurbel so schnell, und die tanzenden Kinder im Glanz der offenen Taverne auf dem Bürgersteig machten so viel Lärm, dass sie die Bewegung der vulgären Melodie kaum erkennen konnte. An den Grenzen der Dunkelheit dahinter waren noch andere Kinder zu erkennen, die lärmend am Fuß einer Gruppe dicker Frauen in nebelfarbenen Schals und weißen Schürzen spielten. Über all dem Tumult und den schäbigen Menschenansammlungen lauerte der beißende, muffige Gestank eines antiken Slums mitten in London.

Die beiden drehten sich unter einem Torbogen um, und wie von Zauberhand frischte die Atmosphäre auf und der Trubel hörte auf. Ein kleiner Platz ehrwürdiger Gebäude zeichnete sich vage im unsicheren Licht des Himmels ab. Hier und da sorgte eine Lampe hinter einem mit Vorhängen versehenen Fenster für eine schwache Durchbrechung der Dunkelheit. Von irgendwo am anderen Ende des Raumes erklang das leise, süße Stöhnen eines Cellos. Ein kräftiger Mann mit einem goldenen Band an seinem hohen Hut zeigte sich für einen geräuschlosen Moment, hob seinen Finger zum Gruß an Mosscrop und verschwand wieder in den Schatten. Ob sie an ihm vorbeigekommen waren oder er sie, konnte Vestalia kaum sagen. Es war alles sehr seltsam – und ein wenig düster . Ein Streifen Mondlicht fiel durch die sich bewegenden Wolken hindurch und fiel auf die Fassaden der gegenüberliegenden Häuser. In die Masse aus dunklem Mauerwerk waren blassgraue Ornamenttafeln eingelassen, die wie Grabsteine aussahen. Das Mädchen zitterte und lehnte sich an Mosscrops Arm zurück, als wollte es anhalten.

Plötzlich, nach einer kurzen Einleitung von Klaviernoten, fiel die klare, geübte Stimme einer Frau in die Stille eines Liedes – eine ernste und einfache Melodie voller Zärtlichkeit. Sie hielten einen Moment inne, um zu lauschen, und Vestalia verfolgte das Geräusch bis zu einem beleuchteten Obergeschoss am Ende des Platzes.

„Dann wohnen hier Menschen!" sagte sie mit zögernder, beruhigender Stimme.

„Gott sei Dank, ja", antwortete David. „ *Wir* leben unter anderem hier."

Er betrat die offene Tür des Hauses neben dem, vor dem sie stehen geblieben waren. Die Halle wurde von einem einzelnen Gasstrahl an der Rückseite beleuchtet, was die Dunkelheit der schmalen Treppe, die er hinaufführte, nur noch vertiefte. Es war eine sehr alte und wacklige Treppe, deren Stufen von Generationen von Füßen in seltsame Unebenheiten und Mulden gegraben wurden. Sie hatte keinen Platz, um neben ihrem Führer zu gehen. Er schritt voran und zündete dabei Streichhölzer an der Wand an. Sie folgte ihm schüchtern den gewundenen Aufstieg hinauf und bemerkte die

Namensreihen, die auf die großen geschlossenen Türen jedes Treppenabsatzes gemalt waren, an dem sie vorbeikamen.

Mosscrop blieb erst stehen, als die Treppe zu Ende war. Er stellte die Tasche ab, und sie hörte das Klappern eines Schlüssels in einem Schloss. Dann wurde ein Streichholz angezündet und ein plötzlicher Gasstrahl erhellte den kleinen quadratischen Flur, in dem sie standen.

Als er eine Tür nach links aufstieß, drehte er sich lächelnd zu seinem Begleiter um. Er entdeckte sie zurückgezogen am Treppenrand , die Hände an die Brust gedrückt. Ihr Blick war mit besorgtem Blick auf ihn gerichtet, und das Geräusch ihres schnellen und mühsamen Atems drang an seine Ohren.

„Diese Treppen sind der absolute Knaller, wenn man sie nicht gewohnt ist", sagte er freundlich. „Ich hätte dich nicht so schnell hochtreiben sollen."

„ *Das* spielt keine Rolle", keuchte das Mädchen. „Ich bin es, der vielleicht überhaupt nicht aufgetaucht wäre."

Davids Lächeln wurde tiefer und milder, als er sie betrachtete. „Meine liebe Vestalia ", begann er und betonte leicht und freundlich die erste Verwendung ihres Namens, „du sprichst hastig. Sie dürfen keine weiteren Bemerkungen machen, bis Sie wieder ganz zu Atem gekommen sind. Ich werde die Pause nutzen, indem ich Ihre Aufmerksamkeit auf die Inschrift auf der geschlossenen Tür dort gegenüber von meiner lenke. Sie werden feststellen, dass es sich um „Mr. Linkhaw .' Hast du es schon einmal gehört?"

Sie schüttelte den Kopf.

„Und sind Sie sich nicht bewusst, dass Sie jetzt keine neuen Emotionen empfinden, wenn Sie es hören? Erweckt Sie der Anblick dieser aufgemalten Buchstaben nicht zu seltsamen und geheimnisvollen Empfindungen? NEIN? Was wird dann aus der gepriesenen Intuition des weiblichen Geistes?"

Irgendwo in all dem schien sich ein Scherz zu verbergen, und sie lächelte klagend und zweifelnd. Sie nahm ihre Hand von ihrer Brust, um zu zeigen, dass sie ruhiger atmete.

„Sie versichern mir wirklich", fuhr er mit einem Augenzwinkern fort, „dass der Anblick dieser besonderen Eiche Ihren Puls nicht besonders erregt und Ihre Fantasie nicht besonders anregt?"

„Warum sollte es?"

„Warum tatsächlich! Ah, junge Frau, deinem Geschlecht wird viel Anerkennung zuteil, die es nicht verdient. Ein einfacher Mann könnte in Sachen Instinkt nichts Schlimmeres tun. Mein lieber Freund, hinter dieser

Tür liegt Ihr jetziger Aufenthaltsort. Dieser Name ‚ Linkhaw ‘ ist das Zeichen Ihres Zuhauses – und Sie haben beide angeschaut und es nie erraten!"

Vestalia warf nicht einmal einen Blick auf die fragliche Tür, sondern blickte Mosscrop mit großer Aufmerksamkeit an . „Ich verstehe nicht – worum es geht?" sagte sie langsam.

Er war durch seine eigene Tür getreten, hatte das Gas angezündet und die Jalousien heruntergelassen. Er kam zurück und streckte seine Hand aus, um ihre zu ergreifen. „Geben Sie mir die Ehre , hereinzukommen und mich zu setzen", sagte er, hielt ihre behandschuhten Finger hoch und verneigte sich darüber. „Du bist mein nächster Nachbar , und dennoch hast du mich nie angerufen."

Sie folgte ihm in sein Wohnzimmer und nahm den Sessel, den er für sie an den Tisch rollte. Es war eine größere Wohnung, als die schmale Treppe und der enge Treppenabsatz vermuten ließen. Die Decke war zwar niedrig und fürchterlich verraucht, und die Einrichtung und das Mobiliar waren altmodisch. Aber der Gesamteffekt war, wenn auch etwas dürftig und schmucklos, angenehm und ehrlich.

„Ziehen Sie Hut und Handschuhe aus und sehen Sie aus, als ob Sie sich zu Hause fühlen würden", drängte David. „Du hast nur noch einen Schritt vor dir."

Währenddessen beschäftigte er sich damit, aus einer Nische der Anrichte zwei Becher, eine schwere Karaffe mit einer bernsteinfarbenen Flüssigkeit und eine große Flasche Sodawasser zu holen.

„Kommst du mit mir Whiskey und Limonade?" fragte er freundlich und fummelte am Kabel herum.

„Oh Gnade, nein!" sagte Vestalia . „ Eigentlich darf ich nichts mehr anfassen. Ich sehe jetzt, dass ich den ganzen Tag viel zu viel getrunken habe."

„Tut!" er antwortete. „Wie kann es an einem Geburtstag zu viel geben? Und jetzt, wo ich darüber nachdenke, waren es zwei! Ich verspreche Ihnen , es war ein außergewöhnlich trockener Anlass für einen Doppelgeburtstag. Wir müssen uns beeilen, den Mangel auszugleichen."

Vestalia hatte ihre Handschuhe ausgezogen. Sie stand nun auf, stand vor dem Kaminspiegel und nahm ihren Hut vom Kopf. Dann drehte sie sich um und schüttelte halb spielerisch, halb flehend ihre hellen Locken. „Ich dachte, dass es von nun an anders sein würde", sagte sie leise.

Er sah einen Moment lang fragend aus, dann nickte er verständnisvoll. „Ja", sagte er ernst, „du bist eine weise Jungfrau. Dieses eine Glas wird mir die ganze Nacht reichen. Sie sind hier herzlich willkommen, meine Dame!"

Sie lächelte über das angehobene Glas, über das seine Augen sie ansahen. „Was für viele Bücher du hast!" rief sie einen Moment später aus und begann, den Raum zu inspizieren, wobei sie der Reihe nach vor jedem der alten Drucke an den schmuddeligen Wänden verweilte und die Reihen der Bände im Detail untersuchte. Er blieb eine Weile neben ihr stehen und machte Bemerkungen zu dem, was sie zu interessieren schien. Dann verschwand er in einem Nebenzimmer und kehrte bald in einer weiten Samtjacke und Hausschuhen zurück. Er nahm die berühmte Kosmetiktasche vom Tisch.

„Ihr Besuch ist noch lange nicht vorbei", bemerkte er; „Aber ich verspüre den Wunsch, dich hier mir gegenüber sitzen zu sehen, in deinen kleinen , weichen Hausschuhen. Es wird ein süßes Bild sein, das ich ins Traumland tragen kann. Und so zeige ich Ihnen zunächst Ihr neues Zuhause."

Sie folgte ihm hinaus in den Flur, und dann schloss er durch die Türen die Gemächer des geheimnisvollen „Mr. Linkhaw ." Als das Gas angezündet wurde, zeigte sich, dass der erste Raum in seiner Größe dem von David ähnelte, aber alles andere war seltsam anders. Der rote Teppich in der Türkei war in seiner Neuheit strahlend, fast grell, und die Decke war mit leuchtend rosafarbenem Papier bedeckt. Rund um drei Seiten standen breite Diwane, überhäuft mit weichen roten Kissen und Daunenkissen. Es waren keine Stühle zu sehen. Noch seltsamer war, dass die Wände mit ausgestopften Tierköpfen übersät waren – Bisons , Bären, Elche, Elche, Antilopen, Wölfe und unzählige Arten von Hirschen. Vestalia blickte überrascht auf diese Trophäen der Jagd.

„ Linkhaw ist ein mächtiger Jäger vor dem Herrn", erklärte Mosscrop . „Yon ist das Schlafzimmer. Es ist ziemlich mit den Fellen von Tigern, Löwen, Leoparden und ähnlichen Tieren bedeckt. Wenn du heute Nacht von Dschungeln und der Arche Noah träumst und es dir nicht gefällt, werfen wir sie morgen früh alle raus."

„Aber was mache ich in den Räumen dieses Mr. Link-haw?" fragte das Mädchen. „Ich verstehe es überhaupt nicht. Angenommen, er sollte kommen?"

David lachte leicht. „Von Uganda bis Dunstan's Inn ist es weit entfernt. Oder vielleicht ist er im Hudson Bay Territory. Es ist mehr als ein Jahr her, seit ich von seinem Aufenthaltsort wusste. Die unbekannteste und gottvergessenste Wildnis der Erde – dort können Sie sich immer auf ihn verlassen, es sei denn, er hat inzwischen von einer noch unmöglicheren und abstoßenderen Wildnis erfahren, die gerade entdeckt wurde. Er ist ein alter Freund und Schulkamerad von mir und hinterlässt seine Schlüssel bei mir. Ich schaue mir das Lokal nur ab und zu an, um die Wäscherin auf dem Laufenden zu halten."

Er ging ins Schlafzimmer, machte Licht und warf einen prüfenden Blick in die Runde. „Sie brauchen frische Bettwäsche und dergleichen", sagte er und kam zurück. „Ich werde sie mitbringen."

Er kam mit einem Arm voll Leinen zurück und häufte es auf das Bett. „Jetzt hast du recht wie ein Untersetzer", rief er fröhlich. „Alles wurde ausgestrahlt. Und jetzt warte ich darauf, dass du mit den hübschen kleinen Hausschuhen zu mir zurückkommst. Bedenken Sie, dass ich zu großen Alkoholexzessen fähig bin, wenn Sie zu lange zögern."

Vestalias Verzögerung war unerheblich. Sie saßen eine Stunde oder länger da, sie mit den hübschen neuen Schuhen am Kotflügel, er, der tief in seinem Stuhl lümmelte und seine eigenen Füße dicht an der Reling neben ihren ausstreckte. „Ich wünschte, es wäre Winter", überlegte er einmal, „damit wir ein Feuer machen könnten. Wir haben ein altes Sprichwort über zwei Paar Hausschuhe am Herd. Ich hätte nie zuvor gedacht, was für eine heimelige Schönheit darin steckt. Ah, es werden jetzt kühle Nächte kommen, und dann werden wir ein Feuer entfachen. Aber selbst mit einem schwarzen Gitter ist es der liebste Abend meines Lebens."

„Und von mir", antwortete das Mädchen.

Stunden später saß David immer noch am leeren Kamin und grübelte über seiner Pfeife. Entschlossen hatte er die Karaffe und das Glas zurück in die Anrichte gestellt und den Schlüssel umgedreht. Er hatte ein Buch herausgenommen, aber es lag unbeachtet neben ihm auf dem Boden. Er wollte nichts weiter tun als nachdenken, und doch war es nicht leicht, dies zu bewerkstelligen. Gedanken würden sich nicht in irgendeiner geordneten Reihenfolge anordnen.

Der ganze Tag hatte ein außergewöhnliches Erlebnis gebracht, das alle Gedanken an bedeutsame Möglichkeiten mit sich brachte, die, wie er immer wieder sagte, die kühlste und konservativste Betrachtung erforderten. Aber als er sich bemühte, seinen Geist auf die Aufgabe zu fokussieren, geriet er sofort ins Wanken und tanzte außer Kontrolle. Eine Erinnerung kam ihm unaufhörlich in den Sinn: die Art, wie Vestalia schließlich aufgestanden war, um ihm gute Nacht zu sagen, und energisch darauf bestanden hatte, dass er nicht von seinem Stuhl aufstand, und sich dann plötzlich rasch zu ihm hinuntergebeugt und ihn geküsst hatte, bevor sie aus dem Zimmer gelaufen war. Und nun ja, warum nicht? fragte er sich schließlich; Warum sollte er sich nicht darauf konzentrieren, sich daran zu erinnern? Was gab es sonst noch, das es wert war, in Erinnerung zu bleiben? Der frühe Morgen auf der Brücke stieg wieder vor ihm auf; die zärtlich mitfühlende Intimität, die, langsam über sie hereinbrechend, von Anfang an noch nicht in voller Fülle zum Vorschein gekommen zu sein schien; die köstlichen gemeinsamen Mahlzeiten, die langen Spaziergänge und Gespräche, die kleinen Geschenke, die dem

Spender so viel Freude bereiteten; die träge, traurige Dämmerung auf dem Fluss, die stille Heimkehr, die Überraschung, der Kuss – so rollte und entfaltete sich die süße Kette der Träume, mit beschleunigten Herzschlägen als Gliedern.

Einmal kam ihm der Gedanke – ein Gedanke, der ihm hart und kalt vorkam wie sein heimischer Granit und rau wie die borstigen Stacheln seines eigenen Heidekrauts –, dass er an diesem einen Tag mehr ausgegeben hatte als sein ganzes Wocheneinkommen. Zu anderen Zeiten hätte diese Tatsache David beunruhigt. Jetzt sah er ihm ruhig ins Gesicht und lächelte über seine spöttische Entlassung. Die Ersparnisse eines Jahres oder von vier Jahren – was waren sie schon, wenn man sie mit der Tatsache aufwog, dass nebenan, unter diesen Dachbalken, die liebe Vestalia friedlich schlief?

Es muss lange nach Mitternacht gewesen sein, als ihm beim erneuten Stopfen seiner Pfeife der Gedanke kam, lieber zu Bett zu gehen. Als er darüber nachdachte, war er sowohl müde als auch schläfrig. Er stand auf und gähnte und lächelte dann über sein eigenes Bild im Spiegel, als er sich daran erinnerte, wie glücklich auch er war. Es war zwar ein merkwürdiges Durcheinander, aber es gab nichts darin, was er bereute oder das er geändert hätte. Es war alles durch und durch köstlich.

Als er noch einmal auf sein Spiegelbild im Glas blickte und sein Herz durch die Flamme triumphierender Freude erwärmte, die durch die Augen schimmerte, in die er blickte, erhob sich plötzlich ein rhythmisches Geräusch in der tiefen Stille des alten Gasthauses. Es fiel ihm ins Ohr und er drehte sich um, um zu lauschen.

„Es ist dieses gesegnete Geschöpf, das schnarcht – atmet, meine ich", war sein erster Gedanke. Aber nein, dafür war es zu schnell. Dann wurde das Geräusch lauter und er erkannte , dass es sich um Schritte handelte, die stetig die Treppe hinaufstiegen. „Der Wächter kommt, um für die Lichter zu sorgen", dachte er beruhigend.

Aber auch diese Hypothese scheiterte.

Die Schritte führten dicht draußen zum Treppenabsatz. Der Lärm verstummte, und dann war das unverkennbare Klirren eines Schlüssels zu hören – nein, das Knarren desselben im Schloss der gegenüberliegenden Tür.

Davids Adern waren für einen verwirrten Moment kalt. Dann rannte er mit einem aufgeregten Ausruf zu seiner Tür und riss sie auf.

„Hör auf damit, du Idiot!" befahl er mit gedämpfter, aber wilder Stimme.

„Ah, Davie, Davie! Immer noch an der Flasche!" antwortete eine bekannte Stimme aus der Dunkelheit.

KAPITEL VI.

Mosscrop stöhnte, als er die Stimme im Dunkeln erkannte.

„Von allen ungünstigen Lebewesen im Tierreich!" er jammerte leise. " Sch ! Um Himmels willen, Mann, rede nicht so laut . Komm hier rein und geh sanft."

„Was verfolgst du da, Davie – Schlangen?" fragte der Neuankömmling mit offensichtlichem Sarkasmus. Aber er senkte seine Stimme und trat in Davids Zimmer. Dieser schloss lautlos die Tür und atmete tief und tröstend auf. Die beiden Männer sahen sich eine Minute lang schweigend an.

„Sie meinen nicht, dass Einbrecher im Haus sind?" fragte der Eindringling. Während er sprach, schimmerte ein hoffnungsvolles Licht in seinen Augen, das dann erstarb, als David den Kopf schüttelte.

Der Earl of Drumpipes im schottischen Adel war ein Jahr jünger als sein Freund, der Culdee-Professor. Das Gaslicht zeigte, dass er jetzt ein großer, stämmiger, rothaariger Mann mit einem breiten, markanten Gesicht von strengem Aussehen war. Sein gelbliches Haar war kurz geschnitten über einem Kopf, der selbst für seine kräftige Statur übermäßig groß schien und an der Oberseite zur Glatze hin ausfiel. Der Kragen eines Wollhemdes zeigte einen großen Teil seines dicken Halses, der von der heftigeren Sonne, die auf diesen britischen Inseln wärmt, auf der Rückseite leuchtend rot verbrannt war. Seine hervortretenden blauen Augen traten jetzt mehr denn je hervor, als er verwirrt Davids Gesicht betrachtete. Während er noch hinsah, fiel ihm ein, seine Hand so mächtig wie die eines Schmieds zu einem oberflächlichen Gruß auszustrecken, und David nahm sie mit einer Überschwänglichkeit an, die für sie beide fremd war.

„Ich freue mich wirklich, dich zu sehen, Archie. Ich gebe dir mein Wort, Lam!" er protestierte eifrig.

„Du hast deine eigene Art, es zu zeigen", knurrte der andere. „Dennoch scheinst du nüchtern genug zu sein. Was fehlt dir, Mann?"

„Oh, die seltsamste Geschichte!" sagte David. „Setz dich hier hin, ich hole den Whisky raus." Er beschäftigte sich zwischen Anrichte und Tisch und redete dabei, während der andere sich mit seiner großen Gestalt in einem der Sessel niederließ und sich eine Pfeife anzündete.

„Sehen Sie, Drumpipes , verdammt noch mal", begann er, „ich bin ein Gentleman, nicht wahr?"

„Sie sind ein professioneller Mann, eine gebildete Person", stimmte der Earl vorsichtig zu.

„Nun, das ist der erste Tag seit vielen Jahren, an dem ich mich wie ein Gentleman gefühlt habe."

„Du warst schon immer ein bisschen anfällig für Halluzinationen, Davie", sagte der andere. „In deiner Natur liegt ein Hauch von Unwirklichkeit. Bleiben Sie dran! Nicht so viel Limonade. Ich brauche dringend ein Bad, das weiß ich; aber alles zur richtigen Zeit. Nun, machen Sie weiter – wie erklären Sie sich dieses außergewöhnliche Ereignis? Sie haben sich den ganzen Tag wie ein Gentleman gefühlt! Es weckt meine Neugier."

„Lass das, Archie, sonst hörst du überhaupt nichts."

„Sehr gut, mein Junge. Dann trinke ich das einfach und gehe ins Bett. Es wird uns willkommen sein, das kann ich Ihnen sagen."

Er leerte das Glas und wollte aufstehen. David warf sich mit einem zurückhaltenden Arm nach vorne. „Sei kein Arsch, alter Mann! Ich habe dir schon einmal gesagt, dass du heute Nacht nicht in die Nähe deiner Wohnung kommen darfst", drängte er gereizt. „Ich gebe dir mein Bett und schlafe hier auf dem Sofa. Es ist alles in Ordnung, das versichere ich Ihnen. Wenn Sie es unbedingt wissen müssen: In Ihrem Zimmer schläft jemand."

Der Earl blickte seinen Freund stirnrunzelnd an. „Das war nicht die Abmachung, Mosscrop ", sagte er scharf. „Das gefällt mir nicht."

„Ich kann nur sagen", erwiderte David, „dass du an meiner Stelle dasselbe getan hättest – oder nein, da bin ich mir nicht so sicher; Aber unter den gegebenen Umständen war es das Einzige, was *ich* tun konnte. Es ist eine junge Dame, die Ihr Zimmer bewohnt, Drumpipes .

"Aha!" rief der Earl, „lasst uns sie rausholen!" Ich bin nicht so müde, wie ich dachte. Du kannst doch so etwas wie ein Abendessen machen, nicht wahr?"

„Nein, das kann ich nicht, und wenn ich könnte, würde ich es nicht tun. Du verstehst die Situation völlig falsch, mein Freund. „Das ist ein armes Mädchen, das –" und David fuhr fort und erzählte kurz und knapp die Geschichte des Tages.

„Ungefähr neun Pfund hat dich deine Pfeife gekostet, nicht wahr, Davie?" war der Kommentar des Zuhörers am Ende der Erzählung. „Nun ja, jeder Mann hat seine eigene Vorstellung davon, was er für sein Geld will. Es ist nicht meins, sage ich ehrlich. Und wie sieht das Programm für morgen aus? South Kensington Museum und Hampton Court? Am nächsten Tag könnten Sie den Tower und den Epping Forest besuchen. Dann Westminster Abbey und Richmond – aber Sie werden bald am Ende Ihrer Kräfte sein. Und noch früher, denke ich, ist Ihr Bankkonto aufgebraucht."

„Das ist meine Angelegenheit", erwiderte Mosscrop gereizt.

„Man könnte sagen, dass ich ein wenig Bedenken in dieser Angelegenheit habe", bemerkte Drumpipes , „da ich für dieses schöne Experiment der Kombination von Philanthropie und Bildung möblierte Unterkünfte zur Verfügung stelle." Aber du trinkst nichts."

"NEIN; Ich hatte mein einziges Glas, bevor du kamst. Ich passe heutzutage auf mich auf."

„Und höchste Zeit auch!" gab der aufrichtige Freund zu. „Ich sage nicht, dass es dir dadurch nicht besser gehen wird."

„Nun, und verstehst du das nicht?" drängte Mosscrop mit Ernst: „Allein die Tatsache, dass sie da drüben ist, lässt es lohnenswert erscheinen , nüchtern zu Bett zu gehen." Es verändert mein gesamtes Selbstbild. Es gibt mir völlig neue Ideen darüber, was ich tun sollte. Solange ich hier ein einsames Leben führte, gab es für mich nichts als zu trinken. Aber jetzt ist es anders."

Der Earl grinste. „Und wie lange werden Sie damit zufrieden sein, dass dieser verbessernde Einfluss von der anderen Seite des Durchgangs auf Sie ausstrahlt?" fragte er mit Zynismus. „Vorausgesetzt natürlich, dass ich meine Räume sozusagen dem Reformdynamo überlasse."

„Oh, natürlich verlangt das niemand von dir. Offensichtlich erfordert Ihre Rückkehr andere Vorkehrungen."

„Wie werden die anderen Regelungen aussehen?"

"Das bleibt abzuwarten. Aber über eines bin ich mir ganz im Klaren. Ich werde nicht von dem zurückweichen, was ich unternommen habe. Sie wird nicht wissen, was Mangel ist, und sie wird respektiert werden. Das schwöre ich, Drumpipes ; und ich möchte, dass du dich daran erinnerst."

„Oh, ich habe schon großen Respekt vor ihr", sagte der Earl. „Bei George, ein Mädchen muss außergewöhnliche Qualitäten besitzen, die früh herauskommen und einen Professor von Culdees aus eigener Kraft erwischen, ihn für einen Zehner arbeiten lassen und ihn dann auf der einen Seite eines Flurs auf Whisky verzichten lassen können, während sie schläft Schlaf der gerade in geliehenen Wohnungen andererseits. Es ist wirklich großartig, alter Mann. Ich ziehe meinen Hut vor ihr."

„Archie", bemerkte David langsam, „ich bin kleiner als du und kein Athlet, weiß Gott; aber wenn wir noch mehr davon haben, werde ich dir ins Auge schlagen und es riskieren."

Drumpipes war über die Vorstellung amüsiert und kicherte. Dann verfielen sein Gesicht und seine Stimme in Feierlichkeit. „Davie", sagte er,

„ich möchte dich nicht ärgern, aber es ist ein schlechtes Geschäft. Ohne große Kosten und Herzschmerzen werden Sie nicht durchkommen. Das können Sie mir nehmen, wer sollte wissen, ob es ein Mann tut."

Mosscrop akzeptierte die unheilvolle Ernsthaftigkeit des Tons in gutem Glauben. Er nickte, während er seinen Freund eindringlich ansah. „Ja, ich weiß", sagte er leise. „Aber ich habe keine Verzweiflung und kaum Zweifel, Archie. Ich bin sehr glücklich darüber, damit weiterzumachen; so glücklich, dass ich sehe, dass ich vorher nie wusste, was Glück bedeutet. Und wenn – sagen wir es im schlimmsten Fall – eine Enttäuschung dabei herauskommen sollte, dann hätte ich schon die Freude gehabt. Und selbst wenn es mich kaputt machen würde, was würde es schon bedeuten? Ich würde nur wieder dort sein, wo ich gestern war, und niemand auf der Welt würde dadurch zu Schaden kommen. Aber bei dir war es anders."

Der Earl nickte der Reihe nach und rauchte seine Pfeife. Schließlich sagte er, ohne seine Stimme zu erheben oder besonderes Interesse an seinen Hieben zu offenbaren: „Mann, sie ist tot."

Davids Augen weiteten sich. „Was ist das – sie – deine Frau, meinst du, ist tot?"

„Ja, seit vier Monaten", antwortete der andere leise.

Mosscrop kam herüber und schüttelte seinem Freund die Hand. „Ich *werde* danach etwas mit dir trinken", sagte er und füllte ein Glas. "Erzähl mir davon."

„Ich weiß nichts darüber – außer dass sie tot ist. Das ist genug, völlig genug." Er hob sein Glas. „Hier geht es zu den Heizungsanlagen in der wärmsten Ecke unten."

„Eine üble Katze!" sagte David mit einem rauen Zittern in der Stimme und nippte an dem Toast.

„Eine sehr hübsche Frau", antwortete der Earl nachdenklich. „Haare wie eine neue Primel, Gesicht wie ein Earl Christian Märtyrer, die liebsten kleinen Füße, die du dir jemals vorgestellt hast. Du hast sie nie gesehen. Du hättest auf der Stelle für sie sterben wollen. Sie hätte einen einzigen Bissen aus dir gemacht, mein Freund. Ich war ein gutes Stück zäher, aber ich wurde bei der Operation mehr oder weniger verstümmelt. Das sind die Dinge, die einen für die religiösen Einflüsse der Kindheit dankbar machen. Ich wäre jetzt entmutigt, wenn ich nicht in der Lage wäre, an eine Hölle zu glauben."

„An der Sache besteht kein Zweifel – sie ist wirklich tot?"

„Tot wie eine Makrele, Gott sei Dank. Meine Anwälte bescheinigen dem gesegneten Ereignis. Sie sollten es wissen. Vier Jahre lang standen sie in der

Bresche und wehrten sich gegen Verfügungen, einstweilige Verfügungen, Mandamuses und Berufungen, mit denen sie und die skrupellosen Schurken, ihre Anwälte, sie bombardierten. Die Kosten, die diese alten Parteien mir in Rechnung gestellt haben müssen! Mann, ich habe große Angst, in die Stadt zu gehen und ihnen gegenüberzutreten. Es gibt drei Versuche einer Trennung ohne Auflösung des Ehebandes, eine Scheidungsklage, zwei Anträge auf Wiederherstellung der ehelichen Rechte, drei Zeugenvernehmungen durch eine Kommission, vier Berufungsverfahren – der Gedanke an diese Gesetzentwürfe macht mich krank, Davie."

„Sie sind um jeden Preis aus der Schlinge heraus."

„Na dann, wenn dein Hals frei ist, dann behalte ihn so, Mann!"

David lächelte mit sanfter Selbstsicherheit.

„Ah, mein Junge , wenn du ihre Unschuld hättest sehen können. Sie trank Capri zum Frühstück, dann Champagner zum Mittagessen und noch mehr davon zum Abendessen, mit altem gelbbraunem Portwein darüber – alles so vertrauensvoll und zutraulich wie ein Baby. Es machte einem das Herz weich, ihren Mangel an Arglist und ihre ziemliche Unerfahrenheit zu sehen."

Der Earl schniefte hörbar. „Oh ja, es ist zweifellos ein wunderschönes Schauspiel und sehr berührend. Schade ist, dass die Richter die Sache am nächsten Morgen nicht immer in diesem Licht sehen werden. Aber dann sieht morgens so vieles anders aus."

Wieder Mosscrop lächelte. „Spar dir dein Stöhnen, Archie", riet er, „bis du sie selbst siehst." Du triffst die Dame beim Frühstück."

„Ich will verdammt sein, wenn ich das tue", sagte Drumpipes .

„Na dann redest du wie ein Idiot. Du, ein Jäger von Löwen, Krokodilen und Wildeseln der Wüste, um den Schwanz zu wenden und vor einem kleinen gelbhaarigen Mädchen davonzulaufen! und außerdem einen alten Freund im Stich lassen, der Ihren Rat und Ihr Urteil in der wichtigsten Angelegenheit seines Lebens braucht! Du weißt, dass du dazu einfach nicht in der Lage bist."

„Ich verspreche ihr nicht, höflich zu sein, wenn ich aufhöre", knurrte der andere. „Der bloße Gedanke an gelbhaarige Frauen ist mir übel. Warum um alles in der Welt, Mann, wenn du aus dir einen starr starrenden Verrückten machen musst, könntest du dann nicht eine anständige und seriöse Farbe wählen ?"

„Noch nie hat ein Farbstoff es berührt", protestierte David. „Es ist so natürlich wie der Sonnenschein – und so strahlend."

„Dann bist du ein ruinierter Mann, Davie", erklärte der Earl ernst, während er an seiner Pfeife zog. „Eine Frau, die sich lediglich die Haare färbt, kann eine rettende Wirkung haben. Trotz ihrer Bemühungen kann unter der bemalten Perücke eine ehrliche Natur bestehen bleiben . Aber wenn sie eine geborene Schildpattkatze ist, dann ist es vielleicht besser, tot zu sein, als dasitzen und über sie schwärmen. Ich gebe dich als verlorenes Geschöpf auf!"

„Dann sollten Sie mir umso mehr helfen, ein gutes Frühstück zuzubereiten, um meinem Untergang zu begegnen", antwortete Mosscrop leichthin. „Ich habe nicht ganz versprochen, dass ich sie rechtzeitig anrufen würde, um zu helfen. Es wird eher eine Überraschung sein, wenn sie zu ihren Ehren alles fertig ausgebreitet hat , wenn sie hereinkommt. Was halten Sie von weichen, auf Toast gegrillten Rogen, nicht wahr? Sie können sie in Dosen bekommen. Und ein paar kleine Lammkoteletts – oder vielleicht Wildbret – und dann ein paar Eier, *Bercy* – du machst die, die einer Königin würdig sind, und wir haben vielleicht –"

„Die Wahrheit ist", fügte der andere nachdenklich hinzu, „dass Schwarz das einzige Haar ist, das für eine Frau völlig zufriedenstellend ist." Die dazwischen liegenden Kompromisse – all die Braun- und Kastanientöne sowie Rot- und Rotbrauntöne – sind eine Täuschung. Das sehe ich jetzt ganz deutlich. Gib mir das Haar, das einen violetten Schatten wirft, glänzend und dicht und bis weit in die Stirn hineinwächst, und dann ein Gesicht mit gerader Nase, breit zwischen den Augen und rund unter dem Kinn, und einen Teint von sanftem, blassem Olivgrün. Es gibt nichts anderes, worüber es sich zu reden lohnt."

„Ich *hatte* an diese kleinen italienischen Würstchen gedacht, aber ich weiß nicht, dass sie bei heißem Wetter –"

„Oh Mist!" sagte der Edelmann. „Wer möchte um diese Nacht schon über Muffins und Schinkenfett reden? Hast du keine Poesie in dir, Mann? Auf dem Dampfer kam ein göttliches Geschöpf herüber – große Augen wie eine Schlehe und das Gesicht einer tscherkessischen Prinzessin, ruhig, majestätisch, träge, doch mit tiefer Leidenschaft darunter, die Sie aufzufordern schien, Ihre unsterbliche Seele aufs Spiel zu setzen um darin zu ertrinken –"

„Mein Wort, hier *ist* Frechheit, wenn Sie so wollen!" platzte stürmisch in Mosscrop . „Du lässt mich überhaupt nicht über *mein Mädchen reden;* Du höhnst und spottest und krächzst böse Verdächtigungen und machst dir bei der geringsten Erwähnung von ihr ein allgemeines Ärgernis – und dann denkst du, ich werde geduldig dasitzen und so ein freches Geschwätz wie dieses anhören. Verdammt, ein Mann hat ein paar Rechte in seinem eigenen Zimmer!"

„Mir wurde gesagt, dass das nicht der Fall ist", kommentierte der Earl grimmig.

„Warum nun darauf zurückkommen?" fragte David mit einem Anflug von Gereiztheit. „Es ist schon vor Stunden alles geklärt und erledigt. Aber was ich damit sagen wollte, ist, dass es nicht anständig von Ihnen ist, solche Gespräche zu unterbinden, nur um ein Thema lächerlich zu machen, das mir sehr am Herzen liegt."

Drumpipes gähnte offen. „Es ist Zeit, dass du dich begibst, Davie", bemerkte er. „Der Schlafmangel macht dich ja albern. Ich habe keine Lust, Ihr Thema, wie Sie es nennen, lächerlich zu machen. Es ist überhaupt nicht notwendig. Wie lächerlich das ist, werden Sie morgens selbst sehen. Mir kam nur der Gedanke, dass ich, wenn wir über Frauen reden müssten, mir etwas einfallen ließe, das der Mühe wert war – kein herumschlendernder, gelbhaariger Landstreicher, der zufällig auf einer Brücke aufgegriffen wurde, sondern eine vornehme Frau in Bildung, Vermögen und Manieren. Mann, du solltest ihre Zähne sehen, wenn sie lächelt!"

„Archie", antwortete David feierlich, „ich glaube, Ihr besserer Instinkt könnte Sie dazu veranlassen, sich daran zu erinnern, dass Sie erst seit vier Monaten Witwer sind."

„Vier Monate? – Vierhundert Jahre!" rief der Graf beherzt. Er langte herum und füllte sein Glas nach. „Es fällt mir sehr schwer, mich an Einzelheiten des Ehestandes zu erinnern. Schon jetzt ist die Erinnerung an meine erste Hose für mich unendlich frischer als alles andere. In etwa einer Woche wird die letzte Erinnerung daran verschwunden sein. Und auch eine gute Befreiung!"

„Es war ein schlechter Gedanke, Sie daran zu erinnern", gab Mosscrop zu . „Der Teufel nimmt alle Frauen – oder alle bis auf eine –"

„Und sie war schwarzhaarig", warf der Earl ein.

„Deuce beschlagnahmt sie alle bis auf zwei für den Rest der Nacht. Wo warst du die langen anderthalb Jahre, Archie?"

„Ich schaue mich nur um ", antwortete der andere lässig. „Bechuanaland für eine Zeit lang, aber es wird völlig überbewertet. Dann hatte ich eine Scheu vor dem Gabunland , aber unter den Niggern gibt es eine Verschwörung, um den Gorilla zu beschützen – ich glaube, er ist eine Art Onkel von ihnen – und ein weißer Mann kann allein nichts Gutes bewirken. Ich dachte, dass es in Brasilien, wo eine Revolution angekündigt wird, vielleicht einen anständigen Sport gibt, und habe eine Zeit lang versucht, mit den Rebellen herumzureisen, aber es hat nicht viel gebracht. Hin und wieder hat man einen portugiesischen Mischling mit Schulterklappen erlegt, aber man konnte sie nicht essen , und man wollte sie um keinen Preis stopfen; Und außerdem, als Sie herausfanden, war der ganze Krieg lediglich ein Kampf zwischen zwei Kaffeehandelsfirmen in New York, und das reichte nicht aus. Aber ich sag dir was", fuhr er lebhafter fort, „Arizona macht verdammt viel Spaß." Ich habe nirgendwo etwas Besseres gesehen als eine gute, anständige Viehheberjagd. Sie standen zu dritt oder zu viert auf, vermutlich nur meinetwegen, nachdem sie herausgefunden hatten, dass ich reiten und im Galopp schießen konnte. Das Schöne an der Sache ist, dass es für Viehdiebe keine Schonzeit gibt und sie, das sage ich Ihnen, ein Leben auf Leben und Tod sind. Ich wurde zweimal eingetopft und einmal ließen sie das Tageslicht direkt durch mich hindurch. Ich musste fast drei Wochen wegen Reparaturen liegen. Sie gingen und hängten den Kerl auf, während ich im Bett lag. Darüber haben wir uns geäußert. Ich beharrte darauf, dass es nicht sportlich sei – und dass sie ihm ein Pferd hätten geben und ihn dann aus einer Falle oder etwas Ähnlichem befreien und ihm freien Lauf lassen sollen, so wie wir es mit Kaninchen machen dass die Frettchen aufziehen. Aber sie konnten es nicht sehen, und so drehte ich es auf und kam nach Norden. Sie werden jedoch die ganze Sache ruinieren, wenn sie dieses alberne Hängegeschäft nicht aufgeben. Das erste, was sie wissen, ist, dass jeder aus Protest aufhört, Vieh zu treiben, und dann wird sein Zuhause nicht mehr lebenswert sein. Das wäre schade, denn ein Cowboy, der einen Fehler gemacht hat, ist wirklich das Beste Es gibt. Er ist so gut wie ein Bengalischer Tiger und ein russischer Wolf zusammen, mit einem Grizzlybären als Ergänzung. Sie können mich so sagen."

„Das werde ich nicht unterlassen", sagte David. „Kommt, trinkt euren Schnaps, und wir toben zusammen. Ich bin sehr froh, dich gesund und munter wiederzusehen, mein Junge – und noch mehr, einen freien Mann."

Er holte ein Kissen und einige Decken aus dem Schlafzimmer und begann, sie auf dem Sofa zu arrangieren. „Und sind die Amerikaner so dumm, wenn es um Lords und Titel geht, wie sie dargestellt werden?" fragte er während er arbeitete. „Haben sie sich vor deinem Namen gedemütigt?"

Drumpipes setzte sich auf. „Glaubst du, ich bin so ein verlassener Arsch, dass ich mit einem Titel reise?" er forderte an. „Mann, wenn du wüsstest, was es mich gekostet hat, auch ohne würde es deine Haare grau machen. Zehn Dollar hier, zwanzig Dollar dort, siebeneinhalb Dollar woanders – ein stetiger und endloser Abfluss des Geldbeutels, bis ich, wie ich wundere, überhaupt in der Lage war, herauszukommen! Und bei der Bahn gibt es überhaupt keine dritte Klasse. Es ist einfach schrecklich, Davie! Und wie es das Unglück wollte, konnte ich nicht einmal als Zwischendecker auf dem Dampfer nach Hause kommen. In der ersten Kabine befanden sich Passagiere, die ich kannte, und so musste ich dort mehr Geld wegwerfen. Und ich bin nicht wie du – ich habe keine Zehn-Pfund-Noten übrig, die ich für mein Tagesvergnügen übrig habe."

„Nein, du bist nicht wie ich", antwortete Moss-Crop in keinem mitfühlenden Ton. „Ich habe stolze 432 Pfund pro Jahr, das sind über acht Guineen pro Woche. Und Sie – Sie haben nur magere viertausend, also nicht mehr als zehnmal so viel. Ich wundere mich, dass du die Zinsen so lange zurückgehalten hast, Archie."

„Ah, das weiß ich alles", protestierte der Earl. „Aber Sie haben keine verdammte Position, um mithalten zu können. Das musst du bedenken, Davie. Das ist eine sehr wichtige Tatsache. Es macht den Unterschied in der Welt."

„Aber man behält es nur in seinem eigenen Kopf, und das ist kein teurer Ort. Es ist kein Jahr vergangen, seit ich Sie zum ersten Mal kannte, weder als Meister von Linkhaw noch seit Sie dort hineingekommen sind, in dem Sie die Hälfte Ihres Einkommens ausgegeben haben. Wenn man Sie reden hört, könnte man meinen, Sie hätten Ihr Kapital ebenfalls mit beiden Händen verstreut."

„Ah, aber diese Anwaltsrechnungen, Davie! Wie sollten sie Ihrer Meinung nach jetzt sein? Sechshundert, was? Oder vielleicht sieben?"

„Du wirst es früh genug wissen. Ich werde Sie nicht dazu ermutigen, eine schlaflose Nacht zu verbringen. Komm jetzt. Du hast hier doch Sachen in deiner Tasche, nicht wahr? Ich kann dir alles geben, was dir fehlt."

„Nein, du behältst dein Bett. Ich werde hier draußen schlafen", sagte Drumpipes . „Ich bin viel mehr daran gewöhnt, es grob anzugehen als du. Ich gebe dir mein Wort, ich werde hier wie ein Kreisel schlafen."

Mosscrop bemühte sich, Widerstand zu leisten, aber sein Freund war entschlossen und das Sofa musste ihm übergeben werden. Er stand gähnend auf und begann, seine Oberbekleidung abzuwerfen. „Ich habe bis zu elf Schilling für ein Schlafzimmer für eine Nacht in New York City bezahlt!" Er bekräftigte schläfrig: „Obwohl sie, um dem Teufel zu gestehen, nichts für Kerzen und Seife verlangen. Mann, wenn sie gewusst hätten, dass ich ein Earl bin, hätten sie mir alle sieben Felle abgenommen."

„Oh, aber sie haben den Ruf, scharfsinnig zu sein", drängte Mosscrop trocken. „Sie hätten gut verstanden, dass Sie nur ein schottischer Earl waren. Gute Nacht!"

Das helle Tageslicht weckte David fast eine Stunde später als erwartet. Während der Nacht hatte er bei sich den Eindruck erweckt, sehr wenig zu schlafen – und zwar einen leichten und sanften Schlaf, bereit und begierig, sich im Augenblick der Not in völlige Wachsamkeit aufzulösen. Dennoch war es eine Tatsache, dass er sich unrühmlicherweise verschlafen hatte. Die Uhr auf seinem Tisch zeigte auf halb acht.

Er zog hastig einige seiner Kleidungsstücke an und betrat das Wohnzimmer, um den Earl zu wecken. Zu seiner großen Überraschung war dieser Edelmann verschwunden. Die zerwühlte Bettwäsche zeigte, wo er geschlafen hatte. Am Fußende des Sofas lag seine Handtasche, ordnungsgemäß gepackt und verschlossen.

Mosscrop kam zu dem Schluss, dass Drumpipes kein Frühstück versprochen hatte und ohnehin ein perverses Geschöpf war und vermutlich durch das frühe Grübeln über die Rechnungen dieser Anwälte in unruhige Stimmung geraten war, kehrte in sein Zimmer zurück und vollendete die Arbeit des Umkleidens. Er rasierte sich außerordentlich sorgfältig und dachte über die Auswahl einer Krawatte nach. Ihm fiel ein, dass er bessere Klamotten hatte als die, die er gestern getragen hatte, und obwohl er die Zeit missbilligte, war die Versuchung, etwas zu ändern, unwiderstehlich. Er bereute es nicht, nachgegeben zu haben, als er sein Abbild in voller Länge im Spiegel an seiner Schranktür betrachtete. Er schien um Jahre jünger auszusehen als vor diesem bedeutsamen Geburtstag. Er lächelte und nickte wissend in das glückliche und selbstbewusste Gesicht im Glas.

Unter diesen Umständen sollte er Hilfe beim Frühstück brauchen. Der mitternächtliche Gedanke, alles fertig zu machen, bevor er seinen Gast rief, wurde ohne Murren aufgegeben. Er kam freudig auf die ursprüngliche Idee zurück, sie an dem köstlichen Spaß beim Zubereiten des Essens teilhaben zu lassen. Seine Fantasie spielte mit spielerischer Zärtlichkeit mit dem Bild von ihr, hier in seiner winzigen Spülküche, die als Küche diente, die Ärmel hochgekrempelt, ein Handtuch als Schürze um die Taille geschlungen, wie sie tatsächlich Essen für beide kochte. Höchstwahrscheinlich wusste er mehr über solche Dinge als sie; Er sah, wie er ihr Anweisungen gab, während sie sich gemeinsam über den großen Gaskochherd beugten. Könnte es etwas köstlicheres, heimeligeres geben?

Im Gegenteil, der schiefe Drumpipes hatte vorausgesagt, dass ihm die ganze Sache am nächsten Morgen lächerlich vorkommen würde. Er versicherte sich voller Inbrunst , dass es ihm noch bezaubernder vorkam, als er auf den Flur hinausging und an die gegenüberliegende Tür klopfte.

Es schien keine Antwort zu geben, und er schlug härter auf die Tafel, sein Ohr zum Schlüsselloch gesenkt. Es kam immer noch keine Antwort.

„Ich fahre für ein paar Minuten nach Covent Garden", rief er durch das Schlüsselloch; „Soll ich Sie bereit finden, mir zu helfen, wenn ich zurückkomme?"

Da auch dies keine Antwort brachte, holte er seinen Zweitschlüssel heraus und öffnete vorsichtig die Tür. Die Frage, die viel lauter wiederholt wurde, verklang in tiefem Schweigen. Die Glasaugen eines Elches an der gegenüberliegenden Wand starrten ihn mit unbehaglicher Starrheit an.

Die Schlafzimmertür stand offen, und David fühlte sich ermutigt, einen Schritt nach vorn zu machen und kräftig mit der Faust dagegen zu schlagen. Wieder tat er dies, und dann, während eine seltsame Erregung in ihm aufstieg – oder war es eher eine sinkende Bewegung? –, riss er die Tür auf und schaute hinein.

Hier gab es überhaupt keine Vestalia !

Die Details, dass das Bett ordentlich gemacht war, dass das Zimmer keine Spuren einer kürzlichen Belegung erkennen ließ und dass der Ankleidebeutel verschwunden war, gingen ihm vage durch den Kopf. Er suchte sowohl in dieser als auch in der Außenwohnung nach einer Nachricht, aber vergebens.

Seine schmerzerfüllte Aufmerksamkeit wanderte wieder willkürlich zum Kopf des Elches, der zwischen zwei Fenstern befestigt war. Die alberne Leere seines starren Blicks machte ihn plötzlich wütend, und er versetzte seiner töricht verlängerten Schnauze einen lauten Schlag mit der offenen Hand. Die riesige Trophäe kippte unter dem Aufprall um, löste sich halb von ihrer Befestigung und fiel dann krachend zu Boden.

Mosscrop trat es immer wieder heftig dorthin, wo es lag.

Kapitel VIL

Mosscrop brachte es nicht übers Herz, allein in seiner verlassenen Unterkunft zu frühstücken .

Der Drang zu fliehen überkam ihn in dem Moment, in dem er auftauchte. Er schritt voran, als wäre die Verzögerung mit großen Gefahren behaftet. In einer schäbigen Mittagsbar am Strand unten trank er in derselben nervösen Eile eine Tasse abscheulichen Kaffee und ein Trockenwurstbrötchen. Die anwesende Bardame war ihm bekannt. Sie ärgerte ihn jetzt, indem sie in ihrem Benehmen den Eindruck vermittelte, er wolle wie immer mit ihr lachen und scherzen. Stattdessen warf er ihr einen finsteren Blick zu und reagierte mit einem knappen Nicken, als sie sich auf ein Gespräch einließ.

„Du musst heute Morgen auf der falschen Seite des Bettes aufgestanden sein", bemerkte sie hochmütig.

„Sehr wahrscheinlich", antwortete er mit kalter Kürze, zählte die nötigen Kupfermünzen ab und drehte sich auf dem Absatz um.

Draußen schien es ihm, als würde er die Richtung seiner Schritte ganz willkürlich wählen. Er ging langsam und versuchte, sein Gehirn auf die Aufgabe zu konzentrieren, zu erraten, was zum Teufel das alles zu bedeuten hatte. Leider war sein Geist so leer wie diese verlassenen Räume oben in Dunstan's Inn. Die Macht der kohärenten Spekulation hatte ihn verlassen. Es war kaum möglich, die Einzelheiten des Geschehens in eine vernünftige Reihenfolge zu bringen. Eine unendliche Wut auf das Schicksal im Allgemeinen bedrückte alle seine Fähigkeiten. Während er weiterging, murmelte er bedeutungslose Flüche, die sich an ein immaterielles „Es" richteten, das gleichermaßen form- und persönlichkeitslos war, ein bloßes abstraktes Symbol der universellen Tierhaftigkeit der Dinge.

Der Gedanke, Vestalia zu verfluchen , lag nicht nahe. Soweit er verständliche Gedanken über sie hatte, waren sie instinktiv entlastend. Sie schien sich tatsächlich dumm verhalten zu haben, aber das musste auf einer Art Missverständnis beruhen. Etwas Perverses war passiert, das sie zu einer dummen Handlungsweise verleitete. Er weigerte sich entschieden, sich einer anderen Sicht auf sie zu öffnen. Sie muss das Gasthaus aus irgendeinem Grund verlassen haben, der ihrem Sinn für ehrenhaftes Verhalten vollkommen entsprach. Was war dieser Grund? Hatte sie es aus ihren eigenen Meditationen heraufbeschworen oder war es ihr von einer externen Quelle zugeführt worden?

Plötzlich hielt er inne, sein geistiger und körperlicher Fortschritt wurde durch einen überraschenden Gedanken gestoppt. „Verdammt !", murmelte er vor sich hin, während er diese neue Idee vorstellte. Wie es zu ihm gekommen war, wunderte er sich geradezu über die Langeweile , die es am Anfang nicht entdeckt hatte. Es war so deutlich wie die Nase im Gesicht – der Graf hatte Vestalia gebeten , zu gehen. „Ah, dieser geizige, aufdringliche Dummkopf von Drumpipes !" Er stöhnte zwischen zusammengebissenen Zähnen.

Diese Offenlegung des Geheimnisses brachte keinen Trost. Der Tag war so unwiederbringlich ruiniert, die zarte kleine Romanze so rücksichtslos zerstört wie eh und je. Ein gewisser zweifelhafter Trost schien sich in Form eines Streits mit Drumpipes zu bieten , aber Mosscrop schüttelte darüber verzweifelt den Kopf. Was würde das nützen? Und im Übrigen, wie sollte man sich an die Arbeit machen, um mit diesem hartnäckigen, albernen, eingebildeten, dummen, unerschütterlichen und undurchdringlichen Idioten zu streiten? Er würde niemals bemerken, dass der Versuch unternommen wurde. David häufte träumerisch mit wilder Befriedigung die abscheulichen Schimpfwörter auf dem übergroßen kahlen Kopf seines Freundes auf. „ Du absurder Clown!" Er knurrte, als er vor seinem geistigen Auge das stämmige blonde Bild des abwesenden Edelmanns sah. „Du unentgeltlicher und mutwilliger Arsch! Oh, du unvorstellbarer Idiot!"

Und irgendwie gab es bei diesen Kommunikationsübungen doch eine Art Erleichterung. Das schwache Licht einer möglichen Ablenkung begann durch die Sturmwolke von Mosscrops Zorn zu dringen. Er war immer noch bitter deprimiert und natürlich auch wütend, aber die Selbstbeherrschung kehrte zu ihm zurück und mit ihr die Fähigkeit, seine Bewegungen zu planen und zu ordnen. Ihm kam der Gedanke, dass er etwas tun sollte, um seine Gedanken zumindest vorübergehend von dieser weltüberdrüssigen Traurigkeit abzulenken.

Oben an der gegenüberliegenden Ecke fiel ihm die Aufschrift „Savoy Street" ins Auge. Einen Moment lang starrte er mit gedankenlosem Blick auf das kleine Schild, das über dem schmuddeligen Backsteingesims im ersten Stock hing. Dann drehte er sich um und ging zügig die steile Hangstraße hinunter und in den Innenhof des großen Hotels, das ebenso wie die Straße und das Viertel in seinem Namen an den ersten einer langen und standhaften Reihe bedürftiger kontinentaler Fürsten erinnert, deren Unterhalt die britische Steuer übernimmt Der Zahler ist dazu bestimmt, für etwas zu sorgen.

Am Schreibtisch verfasste er eine Karte und schickte sie als Beilage zur Anfrage, ob Herr Laban Skinner anwesend sei oder nicht.

Nein, es wurde gerade gemeldet; Mr. Skinner war ausgegangen – aber die junge Dame war da.

David dachte über diese unerwartete Nachricht nach. „Hat sie dir gesagt, dass sie da ist?" fragte er den Jungen misstrauisch.

Ja; sie hatte es getan.

Mosscrop stellte fest, dass er darauf völlig unvorbereitet gewesen war. Er zog die Augenbrauen zusammen und grübelte darüber nach. Damals hatte er den Eindruck gehabt, dass das Mädchen ihn nicht mochte oder zumindest den Vorschlag, den ihr absurder Vater gemacht hatte, nicht mochte. Es schien ihm außerdem, dass er sie wiederum nicht mochte. Sie hatte die arme Vestalia grob angestarrt – aber fairerweise sollte man auch bedenken, dass das alle Frauen untereinander taten. Ihre Haltung ihm gegenüber war demonstrativ apathisch gewesen, fast bis zur Unverschämtheit; und doch erinnerte er sich, dass sie in dem Moment, als er sie überrascht hatte, ein bemerkenswertes Interesse an dem gezeigt hatte, was vor sich ging. Der Gedanke kam ihm wieder in den Sinn, dass hinter der Maske der einstudierten Gleichgültigkeit, die sie ihm präsentiert hatte, eine Art Herausforderung verborgen gewesen war. Und er brauchte auch immer noch so viel Abwechslung wie eh und je.

„Wenn du mir den Weg zeigst", sagte er an dieser Stelle zu dem Jungen.

Der Aufzug trug sie weit nach oben, fast bis zum Dach, wie es schien. David hatte den Eindruck, dass die Mieten in dieser Höhe günstig sein müssten; Doch als er sich zum ersten Mal im Wohnzimmer umsah, in das er sich nun geführt fühlte, verschwand der Gedanke.

Es war ein großer und imposant ausgestatteter Raum, der sozusagen den Eindruck von hochpreisigem Luxus ausstrahlte. Die breiten Fenster an der Vorderseite reichten bis zum Boden und öffneten sich auf einen Balkon. Draußen waren Markisen aufgehängt, um die Sonne abzuwehren, und dies tauchte die ganze Wohnung in ein sanftes Zwielicht, das einen scharfen Kontrast zur Helligkeit des Korridors bildete, den Mosscrop gerade verlassen hatte.

Er sah sich zögernd um, um sicherzustellen, dass wirklich niemand im Raum war. Der Blick auf einen weißen Vorhang, der draußen auf dem Balkon an der Kante eines Stuhls flatterte, erregte seine Aufmerksamkeit, und er ging zum nächsten offenen Fenster. Die edle Aussicht auf die Themse, die er von dieser Höhe aus betrachtete, beeindruckte ihn mit großer Lebhaftigkeit, noch bevor er begriff, dass er tatsächlich Miss Skinner gefunden hatte. Er blickte mit einem Blick nach unten, der sowohl das Mädchen als auch den Fluss umarmte, und für einen Moment bewahrten sie einen ebenso unbewussten Ausdruck.

Dann hob die junge Dame ihren Kopf zur Seite und erkannte Mosscrops Anwesenheit durch eine langsam herabhängende Bewegung ihrer schwarzen

Wimpern. "Wie geht es dir?" bemerkte sie ruhig. „Holen Sie sich einen Stuhl."

Er tat, was ihm gesagt wurde, und setzte sich in die Nähe der Balustrade, so dass er ihr teilweise zugewandt war; aber er schaute noch einmal auf das wundervolle Bild unten, um seine Gedanken zu sammeln.

„Ich hatte keine Ahnung, dass es hier oben so großartig ist", sagte er schließlich.

„In der Tat", kommentierte sein Begleiter. Es ließ sich nicht sagen, ob es sich bei der Bemerkung um einen Ausruf oder eine Anfrage handelte. Mosscrop sah sich gezwungen, nach oben zu blicken, und sei es nur, um diese offene Frage zu klären.

Die Erkenntnis , dass sie einen Blick wert war, überkam ihn wie eine Flut, als er den Blick hob. Es passte zu ihr, einen Hasenkopf zu haben und nur das cremeweiße Kaschmir-Hauskleid zu tragen, in dem er sie sah. Die glänzenden Zöpfe und die Fülle ihres Haares waren wunderbar. Im sanften, getönten Halbschatten der Markise leuchtete ihre dunkle Haut in einem düsteren Glanz, der ihn faszinierte. Ihr Gesichtsausdruck war so herrisch wie eh und je, aber jetzt erinnerte sie an eine Kaiserin, die zum Spielen geneigt war, eine Sultanin, deren Hang zur Unterhaltung galt.

„Bist du hergekommen, um die Aussicht zu sehen? Ich wage zu behaupten, dass es von den Hauptdarstellern aus sogar noch besser ist. Sie nennen sie hier Leads, nicht wahr? Das tun deine Romane immer, das weiß ich."

Ihre träge vorgetragene Rede hatte zweifellos ihre unverschämte Seite, aber Mosscrop erkannte in ihrem Ton eine nicht unfreundliche Absicht. Sie lächelte nicht als Antwort auf den verwirrten, fragenden Blick seines schnellen Blicks, aber er überzeugte sich dennoch davon, dass es eine Höflichkeit war. In diesem Moment verwirrter Vermutungen bemerkte er, dass sie ein Buch auf ihrem Schoß hatte – einen großen, rot eingedeckten Band mit viel Gold am Einband – und dass sie einen Finger darin hatte, um eine bestimmte Stelle zu markieren.

„Dein Vater war so freundlich, mich zu bitten, anzurufen", erinnerte er sie sanft.

„Ich habe nach ihm gefragt, und ich –"

„Bist du enttäuscht, ihn herauszufinden?" Ja; Es konnte keinen Zweifel daran geben, dass sie sich amüsierte. „Oh, das kommt darauf an", wagte David kühn.

Das Mädchen musterte ihn in aller Ruhe. „Wenn ich mich recht erinnere ", sagte sie, „wurden Sie unter Auflagen eingeladen. Sie sollten kommen, oder besser gesagt, mit uns kommunizieren, wenn Sie sich entschließen würden, dem Angebot meines Vaters zuzustimmen. Ich nehme also an, dass Sie sich entschieden haben, anzunehmen."

„Nun, ich würde gerne mehr darüber reden; eine klarere Vorstellung davon bekommen, was vorgeschlagen wurde."

„Mein Vater gibt sich große Mühe, sich auszudrücken. Ich hätte sagen sollen, dass seine Erklärung so umfassend war, wie es nur irgendetwas auf dieser Erde sein kann."

„Um ehrlich zu sein", antwortete David, „habe ich den Eindruck, dass dir der Plan deines Vaters nicht viel bedeutete – im Gegenteil, dass er dir überhaupt nicht gefiel." Das wollte ich klarstellen. Es wäre lächerlich, wenn ich herumlaufen und Ihnen lehrreiche Vorträge über Antiquitäten, Ruinen und so weiter halten würde, während Sie mich die ganze Zeit als Langweiler und Ärgernis hassen. Es würde uns beide in eine falsche Lage bringen."

„Und du kannst falsche Positionen nicht ertragen, was?"

Moscrop- Rose. „Ich fürchte, ich kann das auf keinen Fall ertragen", antwortete er mit würdevoller Kürze.

„Oh, daran darfst du nicht denken!" protestierte seine Gastgeberin mit einem kurzen Anflug von Lebhaftigkeit in ihrer Stimme. „Mein Vater wird wahrscheinlich jeden Moment zurückkommen, und es würde ihn sehr verärgern, wenn er feststellen würde, dass er dich vermisst hat."

„Ich könnte unten im Empfangsraum auf ihn warten", schlug er launisch vor – „ oder ich weiß nicht, dass es sehr wichtig ist, dass wir uns überhaupt treffen."

„Ich nenne das nicht ein bisschen höflich", kommentierte sie.

„Ich fürchte, Ihre Maßstäbe an Höflichkeit übersteigen meine Erwartungen", begann er förmlich. Dann wurde ihm klar, wie absurd die Sache war, und er grinste widerstrebend. „Willst du wirklich, dass ich bleibe?" fragte er mit dem Geist des Scherzes in seinem Ton.

„ Oh , das kommt darauf an", spottete sie. „Wenn du amüsant sein kannst, ja."

„Wie amüsant muss ich sein?" Er lehnte sich wieder in seinen Stuhl zurück und legte dieses Mal seinen Hut beiseite.

„Oh, sagen Sie es genauso, wie Sie es gestern mit der jungen Dame mit dem butterfarbenen Haar getan haben . Ich denke, das würde die Rechnung in etwa decken."

Mosscrop knirschte verärgert mit den Zähnen. Dann kicherte er in einer Stimmung finsterer Heiterkeit. Schließlich seufzte er und schüttelte traurig den Kopf.

„Ah, gestern!" Er trauerte und holte noch tiefer Luft.

„Du warst also äußerst unterhaltsam", fuhr der andere fort und ignorierte seine Gefühle. „Haben Sie das Gefühl, dass es bei Ihnen – das ist das Normale, meine ich – von Tag zu Tag große Schwankungen gibt? Ich frage ganz aus Neugier. Ich habe noch nie jemanden in genau Ihrer Situation getroffen."

„Nein, das glaube ich nicht!" er stimmte mit düsterem Nachdruck zu. „Ich kann durchaus glauben, dass meine Position einzigartig in der Geschichte der Menschheit ist. Solch ein groteskes Glück könnte sich kaum wiederholen. Aber ich bitte um Verzeihung – es ist keine Sache, die Sie interessieren würde; Ich hatte überhaupt nicht das Recht, es zu erwähnen."

„Ich glaube, ich habe es erwähnt", korrigierte sie ihn ruhig.

Es war offensichtlich, dass ihr Beharren eine Bedeutung hatte. Er blickte leicht überrascht zu ihr auf, während er im Geiste die Schritte durchging, über die das Gespräch zu diesem Punkt gelangt war. In ihren Augen lag zweifellos ein sehr wissender Ausdruck. Offensichtlich hatte sie vorgehabt, Vestalia mit dem in Verbindung zu bringen, was sie als seine Position bezeichnete – die Position, die sie für so ungewöhnlich hielt; Es war ebenso deutlich, dass sie ihm klarmachen wollte, dass sie es tat. Es war unmöglich, dass sie irgendetwas darüber wusste, was passiert war. Er durchforstete sein Gedächtnis und vergewisserte sich, dass keinerlei persönliche Andeutung in seine weitschweifige Rede in den assyrischen Korridoren eingedrungen war, die die Amerikaner mehr oder weniger belauscht hatten. Wovon redete sie dann?

Ach, was eigentlich? Sie lehnte sich in ihrem Stuhl zurück und begegnete seinem verwirrten, fragenden Blick mit einer schönen Zurschaustellung von Gelassenheit. Sie sah ihn ruhig durch träge, halbgeschlossene Augenlider an. Seine Vermutungen, die unter der passiven Oberfläche dieser Hinsicht zu erkennen waren, belebten Untertöne ironischer Belustigung und Triumph. Es gab nichts Offensichtliches, das ihn zu einer Erklärung herausforderte, aber als er sie weiter musterte , konnte er sich vorstellen, dass ihre gesamte Anwesenheit den Anschein unterdrückter Freude ausstrahlte. Was auch immer das Geheimnis sein mochte, es bereitete ihr große Freude, einen Hinweis darauf zu besitzen.

„Ja, Sie *haben* meine Position erwähnt", bemerkte er und suchte lahm nach einer sicheren Grundlage, um seinen Nachteil auszugleichen. „Das weiß ich nicht! Folge dir ganz; Worin finden Sie meine Stellung, wie Sie sie nennen, so außergewöhnlich?

„Sie selbst haben damit geprahlt, dass es in der gesamten Geschichte keinen Vergleich gibt", erinnerte sie ihn. Ihr Ton war recht locker, aber der Sinn für Sport begann unverkennbar in ihren Augen zu leuchten.

„Jetzt argumentieren Sie im Kreis", wandte er mit einem Anflug professioneller Schärfe in der Stimme ein. „Ihre Bemerkung kam vor meiner und kann daher unmöglich auf meinem nachfolgenden Kommentar basieren. Wenn mir die Beobachtung erlaubt ist, scheinen sie in den Vereinigten Staaten zwar Logik zu lehren, aber gleichgültig."

„Oh, deshalb sind wir hierher gekommen", erwiderte das Mädchen mit demonstrativer *Naivität* . Die Einbildung gefiel ihr so sehr, dass sie sich vorbeugte und die Art annahm, als würde sie eine wichtige Tatsache mitteilen. „Deshalb habe ich meinen Vater gebeten, dir sofort ein Angebot zu machen. Wissen Sie, die meisten Professoren, Lehrer usw. sind so schwer zu verstehen. Aber in dem Moment, als ich dich sah, sagte ich: „Da ist ein Mann, durch den ich sehen kann, als wäre er ein Spiegelglas; Ich kann ihn wie ein Buch lesen.' Und das muss natürlich die wertvollste aller Eigenschaften eines Ausbilders sein."

„ Ich bin also völlig transparent, oder? Ich zeige deinem Blick keine Geheimnisse?" Mosscrop sprach wie jemand, in dem Ärger und ein Sinn für das Komische um die Oberhand kämpften. „Dann kann ich nichts Besseres tun, als dich zu bitten, mir ein paar Dinge über mich zu erzählen. Warum sitze ich zum Beispiel geduldig hier und lasse mich von einer jungen Dame auslachen, belästigen, persiflieren und generell tyrannisieren, deren Berechtigung, diese Dinge zu tun, für mich nicht im Geringsten ersichtlich ist?"

„Warum, erinnerst du dich nicht? Du wartest auf Papa."

„Und nebenbei seinen Nachkommen in der *Zwischenzeit* viel harmlose und keusche Unterhaltung bieten", warf Mosscrop trocken ein. „Ich bin entzückt, dass ich Sie so erfolgreich abgelenkt habe. Da Sie so leicht zu amüsieren sind, kommt mir der Gedanke, dass Sie sich schrecklich gelangweilt haben müssen, bevor ich glücklich auftauchte."

„Oh, ganz im Gegenteil", rief das Mädchen mit einem plötzlich angespannten Tonfall, der andeutete, dass es das war, worauf sie gewartet hatte. Während sie sprach, öffnete sie den Band an der von ihrem Finger markierten Stelle. „Ich habe im Peerage gelesen, wissen Sie. Es ist ein äußerst bezauberndes Buch. Ich werde nie langweilig, wenn ich über Earls und so lese."

„Ich habe gehört, dass sich das Werk in Ihrem Land einer bemerkenswerten Popularität erfreut", bemerkte David säuerlich.

„Da ist so eine Romantik drin!" sie fuhr in gespielter Rhapsodie fort; „Es regt die Fantasie so sehr an! Es versetzt Sie sofort in eine Atmosphäre des Rittertums, der ritterlichen Abenteuer und Heldentaten, der Turniere und Kettenrüstungen und der Höfe der Liebe ..."

„Und auch über Scheidung und Bankrott", warf er ein. „Vergiss das nicht."

Das Mädchen sah einen Moment lang ernst aus und nickte dann mit dem Kopf, als wolle sie sich nachsichtig entschuldigen. Dann erlangte sie durch einen ebenso schnellen Übergang ihre gute Laune zurück.

„Und so tolle alte Namen gibt es auch noch!" Sie fuhr fort, den Blick auf die aufgeschlagene Seite gerichtet. „Hören Sie sich das zum Beispiel an. Könnte etwas Schöneres sein?"

DRUMPIPES, Graf von. (Sir Archibald-Coronach - Dugal - Strathspey-Malcolm-Linkhaw) Viscount Dunfugle of Inverdummie und Baron Pilliewillie of Slug-Angus, Morayshire , alle im Adel von Schottland, und ein Baronet von Nova Scotia. Geboren am 24. August 1866. Nachfolger seines Großvaters als 19. Earl am 10. Januar 1888. Verheiratet am 2. Mai 1890 mit Janet- Eustasia -Marjory, 3. Tochter des Master of Craigie- whaup von seiner Frau, dem Hon. Tryphena Pincock (verstorben am 6. März 1879), ältere Tochter des 4. Baron Dubb von Kilwhissel . Sitz, Skirl Castle, in der Nähe von Lossiewink , Elgin. Verein, Wanderer.

Sie las alles mit ausgeprägter Überlegung und deutlicher Ausdrucksweise. Als sie fertig war, herrschte eine Weile Stille auf dem Balkon.

„Nun, habe ich nicht recht?" fragte sie schließlich, hob den Kopf und ließ Mosscrop den vollen Reichtum ihrer schwarzen Augen ins Gesicht blicken. „Gibst du die Inspiration solcher Namen nicht zu?"

David antwortete zögernd und zweifelnd. „Ich bin mehr neugierig auf die Quelle – und den Umfang – Ihrer *Inspiration* ", sagte er.

„Leider kann man nicht so tun, als ob *man* transparent wäre. Du konfrontierst mich mit einer Undurchsichtigkeit, gegen die mein schwacher Verstand vergeblich ankämpfen konnte. Ich sehe, dass Ihnen bekannt ist, dass ich Drumpipes kenne . Aber warum diese Tatsache in Ihrem Kopf solch bedeutungsvolle und mysteriöse Dimensionen annehmen sollte und warum Sie sie mit der Miene von jemandem behandeln sollten, der eine große

Verschwörung, ein schreckliches Geheimnis ans Licht gebracht hat, kann ich beim besten Willen nicht begreifen."

„Ah, du bist komplizierter, als ich gedacht hatte", antwortete sie. „Ich hätte nicht gedacht, dass du die Verteidigung so lange aufrechterhalten würdest ."

„ Ich? – eine Verteidigung ?" „Niemals", rief David, der durch diese Bemerkung auf eine vage Art und Weise zu einem Gefühl der Zuversicht angeregt wurde. „Ich verteidige nichts. Ich gebe voller Eifer auf. Ich rolle mich zu Ihren Füßen, Miss Skinner. Als Gegenleistung erwarte ich nur, dass Sie meinen Beitrag mit einem Etikett versehen. Es mag schwach sein, aber ich würde sehr gerne wissen, was ich aufgebe."

„Was ich Ihnen vorschlagen sollte, aufzugeben, ist Ihr Versuch, mich – uns – über Ihre Identität zu täuschen."

"Ah! Bin ich dann tatsächlich jemand anderes? Auf mein Wort, ich kann dem anderen nicht gratulieren."

„Du hast gestern deinen Namen für meinen Vater aufgeschrieben und heute Morgen noch einmal auf diese Karte geschrieben, als Mosscrop – David Mosscrop ."

Er stimmte mit einem Nicken zu und ließ zu, dass sich auf seinem Gesicht die Anfänge eines beschämten und zerknirschten Ausdrucks bildeten.

„Nun, es ist einfach passiert, dass ich in dem Moment, als ich dich zum ersten Mal sah, wusste, wer du wirklich bist. Durch einen reinen Zufall wurde mir Ihr Bild – von einem Herrn, der Sie gut kennt und tatsächlich entfernt mit Ihnen verwandt ist – auf dem Schiff gezeigt, das vorbeikam. Ich habe dich dort im Museum sofort erkannt und Papa dazu gebracht, mit dir zu sprechen. Ich war gespannt, was du sagen und tun würdest."

„Ich fürchte, du warst enttäuscht. Hast du gedacht, ich würde schreien und tanzen, oder was?" Es gelang ihm einigermaßen, teilnahmslos zu sprechen.

jemanden in deiner Position getroffen und hatte die Laune, auf eigene Faust zu experimentieren." Sie sagte dies, als verteidigte sie ihr Vorgehen mehr vor sich selbst als gegenüber ihrem Prüfer.

„Und darf meine kleine Laune auch befriedigt werden?" er hat gefragt. „Ich bin äußerst gespannt, wie Ihnen Ihr Experiment gefällt und wie weit Sie damit gekommen sind."

Sie antwortete nicht sofort, und er beschäftigte sich in der Pause mit einem ernsthaften geistigen Handgemenge, um herauszufinden, worauf sie hinauswollte. Er kannte keinen Mann, der sein Porträt besaß – zumindest nicht unter denen, die mit Schiffen zum Meer hinabfuhren. Schon seit Jahren war von ihm kein Foto mehr gemacht worden. Ein entfernter Verwandter von ihm, hatte sie gesagt, und auf einer kürzlichen Reise aus Amerika. Wer zum Teufel könnte es sein? Welcher Bekannte von ihm war in letzter Zeit in Amerika gewesen ? Plötzlich kam ihm die Antwort in den Sinn. Er lachte laut, mit einer Plötzlichkeit, die ihn nicht weniger als seinen Begleiter überraschte. Doch dann überschattete ein verwirrter Gesichtsausdruck das Grinsen auf seinem Gesicht. Er sah ein Stück weiter in den Mühlstein hinein, aber das war alles.

„Ich hoffe, Sie bereuen Ihr Experiment nicht", wiederholte er. „Es wäre vielleicht einfacher gewesen, wenn Ihr Vater erwähnt hätte, dass Sie Freunde von Mr. Linkhaw sind . Das wäre an sich schon eine ausreichende Einführung gewesen."

„Vielleicht hätten wir das tun sollen, wenn du allein gewesen wärst." Ihr Ton war kühl bis an den Rand des Hochmuts.

Er überlegte schnell, was das bedeuten könnte. Ihre Bemerkung zeigte deutlich, dass Vestalias Anwesenheit ihr verwerflich vorgekommen war. Warum? Hier gab es eine Kompliziertheit, die er nicht ergründen konnte. Dieser verwirrte Drumpipes hatte ihr erzählt – was? Heureka! Er hatte es! Das Bild, das sie gesehen hatte, war eine kleine billige Ambrotypie von Drumpipes und sich selbst, die zusammenstanden, und die ein armer Teufel von einem Straßenfotografen zwei Tage zuvor in Derby angefertigt hatte. Zweifellos hatte der Earl ihr das gezeigt – das Einzige, was er ihr hätte zeigen können. Und – warum natürlich – Drumpipes hatte ihn, David, als den Earl bezeichnet. Was sein Motiv gewesen sein könnte, wusste nur der Himmel, aber dies war offensichtlich der Schlüssel zum Rätsel.

Er ergriff diesen Schlüssel sofort und entschlossen. Er richtete sich auf, runzelte ein wenig die Stirn und spannte mühsam die verräterischen Muskeln um seinen Mund an.

„Ich glaube nicht, dass mir die Vorstellung gefällt, dass Linkhaw über mich und meine Angelegenheiten plappert", sagte er streng.

„Oh, ich versichere Ihnen", protestierte sie besorgt, „er war sehr vorsichtig. Auf meine Fragen gab er nur die sparsamsten Antworten. Ich musste ihm buchstäblich Dinge entreißen."

„Aber welchen Grund hatte er überhaupt, mein Bild zu zeigen? Er soll hören, was ich davon halte! Für weniger als diesen Betrag wurden Männerzulagen eingestellt."

„Es wäre in der Tat sehr ungerecht, wenn du es ihm antun würdest", drängte das Mädchen fast zitternd; „Es war alles meine Schuld. Eines Tages fragte ich ihn, ob er jemals einen Adligen getroffen habe, und er erwähnte ganz selbstverständlich, dass einer seiner eigenen Verwandten ein Earl sei. Eines Tages später zeigte er mir ein kleines Porträt von sich selbst und sagte lediglich, dass Sie die andere Person auf dem Bild seien, das sei alles."

„Und dann hast du angefangen, Dinge aus ihm herauszuziehen. Ich glaube, das war Ihr Ausdruck", bemerkte David in strengem Ton. Das Gefühl, diese stolze und unverschämte Schönheit in zitterndem Flehen vor sich zu haben, war sehr entzückend.

„Natürlich habe ich ihm Fragen gestellt", antwortete sie etwas temperamentvoller. „Earls wachsen bei uns nicht an jedem Strauch. Und im Übrigen, warum, meine Güte! Er hat nichts anderes getan, als dich von morgens bis abends zu loben. Seiner Meinung nach könnte man meinen, Butter würde nicht auf der Zunge zergehen. Er hat dich zu einem echten Heiligen gemacht. Ich war durchaus darauf vorbereitet, dich mit einem Heiligenschein um deinen Kopf zu sehen – und stattdessen –"

Sie blieb abrupt stehen und lächelte verwirrt und abfällig. David bemerkte es und freute sich darüber, dass er gegenüber dem geschwätzigen Linkhaw einen herrischen Ton angeschlagen hatte .

„Stattdessen hast du herausgefunden, dass ich wie die anderen nur ein Sterblicher aus Fleisch und Blut war." Er erlaubte sich, sich zu beugen und sogar ein wenig zu lächeln, als er ihren Satz mit diesem Schluss beendete. „War es eine sehr schmerzhafte Ernüchterung?"

„Oh, ich habe genug über das Leben Ihrer Klasse hier in Europa gelesen und gehört", antwortete sie mit einer deutlichen Rückkehr zu ihrem früheren Verhalten. „Ich behaupte nicht, dass ich wirklich überrascht war."

David nahm einen richterlichen Gesichtsausdruck an. „Angesichts der Art und Weise , wie wir erzogen werden und der Versuchungen, die uns auferlegt werden", sagte er unparteiisch, „würde ich nicht sagen, dass wir so viel schlimmer sind als andere Männer."

„Aber du bist ziemlich schlecht – das musst du zugeben."

Bevor David das von ihm erwartete Eingeständnis zufriedenstellend formuliert hatte, waren von drinnen das Geräusch einer sich öffnenden Tür und von Schritten zu hören.

„Es ist Papa", flüsterte das Mädchen und beugte sich vertraulich vor. "Ich sage es ihm."

„Ich sehe keinen berechtigten Einwand", antwortete David würdevoll.

KAPITEL VIII.

Da der Balkon für einen weiteren Stuhl zu klein war und Mr. Skinner nicht ans Fenster trat, führte seine Tochter ihren Gast ins Wohnzimmer.

„Papa", sagte sie, „du wirst dich an den Herrn erinnern, den wir gestern im British Museum getroffen haben."

Mr. Skinner hob den *Zwicker an seinen Platz* , der an einem Goldfaden am Revers seines sorgfältig zugeknöpften Gehrocks hing, und musterte die angezeigte Person sorgfältig.

„Ah, ja, in der Tat", sagte er und blickte ihn weiter an, aber ohne eine Begrüßung und ohne Handreichung.

„Es ist so dunkel hier drin, das glaube ich nicht", bemerkte sie, um die Peinlichkeit des Augenblicks zu überdecken. „Die Sonne ist jetzt jedenfalls untergegangen ", und sie trat zurück und legte eine Hand auf die Markisenschnur.

„Erlauben Sie mir", sagte David, eilte an ihre Seite und zog an der Jalousie.

„Er ist wegen irgendetwas verstimmt", murmelte das Mädchen verstohlen. „Mach dir nichts aus; Überlass ihn einfach mir."

Im aufgehellten Licht wirkte Mr. Skinners Verhalten nicht gerade freundlicher. Er betrachtete seinen Besucher mit einem zweifelnden Blick und ließ erkennen, dass ihm seine Anwesenheit peinlich war. Die Tochter ließ sich von ihrer Verantwortung jedoch keineswegs beunruhigen.

„Papa", sagte sie mit energischer Entscheidung, „das war gestern alles nur ein Witz. Unser Freund war gestern so amüsiert über Ihr Angebot –"

„Ich bitte um Verzeihung, Adele", warf der Vater feierlich ein, „aber es obliegt mir sofort, meinen Widerspruch zum Ausdruck zu bringen." Um möglichen Missverständnissen vorzubeugen, sollte ausdrücklich darauf hingewiesen werden, dass die Aufgabe, den Vorschlag zu formulieren, auf den Sie anspielen, zwar zweifellos mir oblag, der Vorschlag selbst jedoch sowohl im Geiste als auch in der Suggestion in Ihrem eigenen Bewusstsein entstanden ist. "

„In Ordnung", fuhr sie hastig fort, „nimm es, wie du willst." Der Punkt ist, dass dieser Herr es lustig fand und es mit seinem eigenen kleinen Witz krönte, indem er vorgab, jemand anderes zu sein. Er hat sich den Namen, den er dir gegeben hat, spontan ausgedacht, nur zum Spaß. Er kam heute Morgen hierher, nur um es zu erklären. Er war nervös wegen der Täuschung, so unschuldig sie auch war. Papa, lass mich dir Mr. Linkhaws Verwandten vorstellen, von dem er so oft gesprochen hat, du weißt schon – den Earl of Drumpipes ."

Herr Skinner nahm diese Nachricht mit respektvoller Überlegung auf. In der Zwischenzeit verbeugte er sich, schüttelte David nach einem Moment des respektvollen Zögerns in förmlicher Weise die Hand und bedeutete ihm, sich zu setzen.

„Sir", begann er und wählte seine Formulierungen noch sorgfältiger, „Sie werden es mir entschuldigen, wenn ich Sie nicht mit ‚Mein Herr' anrede, da es sich um eine Wortform handelt, die ich nicht als angemessen erachten kann, wenn ich sie verwende von einem Menschen gegenüber einem anderen; Aber ich entnehme der Erklärung meiner Tochter, dass Ihre gestrigen Aussagen über Ihre Identität in einem Geiste der Höflichkeit gefasst waren. Unter normalen Umständen, Sir, würde die Offenbarung, dass ein völlig ernster und anständiger Vorschlag von mir mit Heiterkeit aufgenommen wurde, in meinem Kopf möglicherweise keinen ausschließlich schmeichelhaften Eindruck erwecken. Aber ich verschließe nicht die Augen, Sir, dass eine große Kluft in Sitten und Gebräuchen und, ich könnte sagen, in Prinzipien, einen einfachen Jefferson-Demokraten wie mich vom Professor einer erblichen europäischen Würde trennt. Daher bin ich in der Lage, Sir, die Erklärung, die Sie meiner Tochter und, soweit ich es verstanden habe, stellvertretend auch mir gegeben haben, mit verhältnismäßig wenigen Vorbehalten anzunehmen."

David unterdrückte ein Stöhnen und suchte hastig nach einem guten Vorwand für die Flucht. „Ich versichere Ihnen, dass es mich sehr erleichtert, Sie so höflich und großmütig zu finden", sagte er. „Ich habe lediglich dem spielerischen Impuls des Augenblicks nachgegeben; und wie Ihre Tochter Ihnen so freundlich gesagt hat, habe ich mich danach beeilt, meinen Fehler zu korrigieren, als mir die mögliche Fehlinterpretation auffiel." Als Reaktion auf die feierliche Kniebeuge des anderen verneigte er sich erneut und blickte zur Tür.

„Ich würde mich freuen, Sir", sagte Mr. Skinner, „wenn Sie uns die Ehre erweisen würden , indem Sie zum Mittagessen bleiben würden."

„Ah, das hätte mir so gut gefallen", antwortete David voller Inbrunst , „aber leider habe ich eine Verabredung im Marlborough House. Es wird unendlich langweilig sein, aber es lässt sich nicht ändern. Eine Einladung dort ist, wissen Sie, gleichbedeutend mit einem Befehl. Das ist einer der Nachteile einer Monarchie – aber natürlich hat jedes System seine Schwachstellen."

„Das ist eine Verallgemeinerung ", entgegnete Mr. Skinner, „der ich nicht uneingeschränkt zustimmen möchte." Ich werde Ihnen, Sir, kurz die Gründe erläutern, die mich dazu veranlassen, völlig zu zögern –"

„Ich fürchte, Mr. Skinner, dass ich mich losreißen muss", warf David ein und schaute ängstlich auf die Uhr. „Der Prinz verzeiht niemals, dass jemand zu spät kommt. Er muss selbst so sehr nach einem Zeitplan leben, wissen Sie, ständig Züge zu nehmen und seine Uniformen zu wechseln und überall pünktlich aufzutauchen, Grundsteine zu legen und Docks zu öffnen und Statuen zu enthüllen und so weit, dass es ihn gegenüber den Fehlern anderer Menschen intolerant macht. Und er hat ein schreckliches Gedächtnis für so etwas."

„Ich gehe davon aus, dass Sie vom Thronfolger sprechen", kommentierte der andere. „Soll ich verstehen, dass Sie in einem Zustand persönlicher Unterwerfung leben – dass ein Adliger in Ihrer Position zum Beispiel mit Besorgnis darüber nachdenkt, dass es möglich sein könnte, der erwähnten Persönlichkeit auch nur den geringsten und vorübergehendsten Unmut zu bereiten?"

„Besorgnis, mein lieber Herr? Positiver Horror! Ah, Sie kennen die Realität kaum! Gedankenlose Menschen sehen uns von außen und bilden sich leicht ein, dass unser Leben eine endlose Runde luxuriöser Fröhlichkeit und vergoldeter Freude sei. Sie glauben, dass der Besitz von Titeln, das Tragen erblicher Auszeichnungen und die Besetzung hoher Ämter am Hof die Summe menschlichen Glücks sein müssten. Natürlich gehe ich davon aus, dass wir eine bessere Zeit haben als der Durchschnitt, aber wir zahlen einen Preis dafür. Wir lächeln zwar, aber unter dem Lächeln liegt immer ein Schaudern. Ein bloßer Hauch, ein Verdacht, die kleinste Laune königlicher Ungnade , und wir wären besser nie geboren worden! Und deshalb", schloss er mit unbehaglicher Güte, „werden Sie meinen plötzlichen Abschied jetzt verstehen."

„Ich verspreche mir bei einer anderen Gelegenheit, Sir", sagte Mr. Skinner mit mehr Wärme, „das Privileg, diese Themen ausführlich mit Ihnen zu besprechen." Ich leugne nicht, dass ich selbst heute etwas beschäftigt bin und es mir an der Fähigkeit zur intellektuellen Konzentration mangelt. Ich vertraue darauf, dass ich bei einer anderen Gelegenheit besser geeignet sein werde, diesen Themen die Wachsamkeit des Verständnisses und die Klarheit des Urteils zu verleihen, die ihre Bedeutung erfordert. Im Moment muss ich gestehen, dass meine Gedanken mit einer anderen Angelegenheit belastet sind."

„Oh, Papa – du hast doch nicht dein Akkreditiv verloren!" Das Mädchen intervenierte mit beunruhigtem Tonfall.

Der alte Herr schüttelte den Kopf und lächelte zweifelnd. „Nein", antwortete er zögernd, „es ist lediglich so, dass ich – ich wurde zur Verschwiegenheit über eine sehr merkwürdige und interessante Offenbarung verpflichtet, die mir gemacht wurde, und das Verheimlichen ist zutiefst fremd für mich." Die Notwendigkeit, eine geheimnisvolle Zurückhaltung aufrechtzuerhalten, lastet auf mir, Sir, mit ungewohnter Unterdrückung."

„Ist es etwas, was Sie heute Morgen gelernt haben?" forderte die Tochter. „Ich werde dich bitten, es mir zu sagen, sobald wir alleine sind."

„Ah, das kann nicht sein", antwortete der Vater. „Mein Glaube wurde ehrenvoll geschworen und muss gewissenhaft eingehalten werden."

„Aber es konnte sicher nicht festgelegt werden, dass *ich* es nicht wissen sollte", drängte sie. „Das wäre absurd. Und außerdem: Wer weiß überhaupt von meiner Existenz hier?"

„So unverständlich es für Sie auch erscheinen mag", antwortete Mr. Skinner, „es kommt vor, dass Sie in den Bedingungen der mir auferlegten vertraulichen Vereinbarung besonders erwähnt wurden."

„Dann hatten Sie überhaupt nichts damit zu tun, sich darauf einzulassen", antwortete sie energisch. „Papa, ich bin überrascht über dich!"

Da war etwas in seinen Gedanken, das das trockene Gesicht des alten Herrn mit einem flüchtigen Schimmer der Freude erhellte. „Ich wage die bescheidene Meinung, dass Ihre Überraschung erheblich größer sein wird, wenn Ihnen zur richtigen Zeit die Wahrheit offenbart wird." Mit dem Aufflackern eines skurrilen Lächelns in den Augen wandte er sich ihrem Gast zu. „Es ist ein außergewöhnlicher Zufall, Sir; Aber Sie stehen auch in einer Weise mit dem okkulten Ereignis in Verbindung, auf die ich im Moment vielleicht nicht näher eingehen werde."

David blickte dem alten Herrn nachdenklich in die Augen. „Ja, ich weiß", antwortete er; „Aber ich stimme Ihnen zu, dass es nicht an Ihre Tochter weitergegeben werden sollte. Wie Sie sagten, haben wir Männer der Welt die Pflicht, bestimmte Lebensabschnitte angemessen zu verschleiern. Da bin ich ganz Ihrer Meinung, Sir; Wir können die sanftmütige Unschuld unserer jungen Damen nicht ausreichend respektieren und schützen."

Mr. Skinner sah den Edelmann eindringlich an und richtete seine schlanke Gestalt auf. „Mein Gedächtnis, Sir", verkündete er steif, „kann sich an keine Beobachtung erinnern, die im geringsten, weder in der Form noch in den Gefühlen, dem ähnelt, was Sie mir zugeschrieben haben. Verzeihen Sie mir, Sir, wenn ich es wage, Sie weiter daran zu erinnern, dass ich nicht den Wunsch verspüre, mich selbst als einen Mann von Welt zu betrachten oder angesehen zu werden, in dem Sinne, in dem ich diesen Begriff für die aristokratische Klasse verstehe Großbritannien."

Die junge Dame schien in dieser Angelegenheit die Gefühle ihres Vaters zu teilen. „Sie müssen bedenken, Lord Drumpipes ", warf sie kühl ein, „dass unsere Maßstäbe in solchen Dingen nicht die Ihren sind." Ich vermute, dass es für jemanden in Ihrer Position und mit Ihren Vorgeschichten und Verbindungen ganz natürlich erscheint, dass ein ehrwürdiger, weißhaariger alter Herr schändliche Geheimnisse hat, die er vor seiner Familie verbergen sollte; Aber wir sehen die Bedeutung des Wortes „Gentleman" und die damit verbundenen Verpflichtungen anders."

„Ah, jetzt habe ich dich beleidigt!" rief David voller Reue. „Ich versichere Ihnen, dass mein einziger Gedanke darin bestand, Ihrem guten Vater aus der Klemme zu helfen. Wenn ich Unrecht getan habe, dann führe ich das bitte auf meinen übermäßigen Eifer zurück , der mir behilflich sein sollte. Und jetzt", er warf einen verstohlenen Blick auf seine Uhr, „jetzt muss ich wirklich rennen." Auf Wiedersehen! Auf Wiedersehen, Mr. Skinner. Denken Sie daran, dass ich auf diese berühmte Diskussion mit Ihnen zähle. Und Sie können sich ganz auf meine Diskretion verlassen – was Ihr Geheimnis betrifft, wissen Sie."

Vater und Tochter standen einen Moment lang da und starrten auf die Tür, hinter der ihr edler Gast verschwunden war. Dann richtete das Mädchen ihren Blick entschieden auf den Urheber ihres Wesens.

„Papa", sagte sie mit ruhiger Entschlossenheit, „was wollte er mit seinen Bemerkungen über Ihr Geheimnis ausdrücken?"

„Na, Adele", protestierte die andere und stockte ein wenig unter ihrem Blick, „du selbst hast mit den beredtesten und unbeantwortbarsten Worten die bloße Andeutung zurückgewiesen, dass ich möglicherweise von dem Wunsch beseelt sein könnte, jede unwürdige Tat oder jeden unwürdigen Vorfall zu verbergen." Deine Beobachtung."

„Das war zu *seinem* Vorteil", antwortete sie ruhig. „Ich war fest davon überzeugt, dass er wissen sollte, was wir von *seinem* Moralkodex halten. Aber das ändert überhaupt nichts an der Frage, was Sie getan haben. Verstehe ich, dass Sie darauf bestehen werden, mir nicht zu sagen, wo Sie waren, wen Sie gesehen haben und worum es in Ihrem sogenannten Geheimnis geht?"

„Adele!" Er drängte: „Ich muss wirklich Zurückhaltung gegenüber den wesentlichen Details der betreffenden Angelegenheit bewahren – vielleicht nur für ein paar Tage – zumindest bis die Verpflichtung zur Geheimhaltung aufgehoben wird." Du würdest doch nicht zulassen, dass ich zu meinem in Not geratenen Glauben zurückkehre, oder?"

„Aber welchen Grund hattest du, ihr ein solches Versprechen zu geben?"

"Ihr!" sagte Mr. Skinner mit einem schwachen Lächeln; „Du scherzst, meine liebe Adele. Wie können Sie sich vorstellen, dass es eine ‚sie' war?"

„Das kann ich mir nicht vorstellen; Ich weiß", antwortete die Tochter mit einem harten, trockenen Lächeln. „Sie haben das gelbhaarige Mädchen gesehen, das Lord Drumpipes gestern im Museum bei sich hatte. Der Brief, mit dem Sie heute Morgen hergerufen wurden, stammte von ihr. Du hast mir gegenüber ein paar fadenscheinige Ausreden vorgebracht und bist ihr entgegengegangen – und du wirst mir nicht in die Augen schauen und es leugnen."

In Wahrheit nahm er ihre Herausforderung nicht an. Er ließ den Kopf hängen, schaute weg und schlurfte mit den Füßen. „Alles, was mir erlaubt ist zu sagen", bemerkte er schließlich mit sichtbarer Emotion, „ist, dass mein Kummer darüber, dass ich gezwungen bin, vorübergehend im unwillkommenen Schatten Ihres Verdachts auszuruhen, ein wenig gemildert wird durch das Bewusstsein, dass wann Sie wissen alles, Sie werden der Redlichkeit meiner Beweggründe und dem ehrenhaften Charakter meiner Handlungen hinreichend gerecht werden. Ich könnte sogar noch weiter gehen und die Überzeugung zum Ausdruck bringen, dass das Ergebnis so beschaffen sein wird, dass es Ihnen vollkommene persönliche Zufriedenheit verschafft."

„Das mag alles sein", erwiderte Adele; „Aber in der Zwischenzeit gehst du in London nicht mehr alleine aus!"

Mosscrop lachte vor sich hin, als er die Treppe des Hotels hinunterrannte. Der Geist der Fröhlichkeit blieb bei ihm, während er langsamer die Treppe und den schmuddeligen Gang und den überdachten Nebenweg hinaufstieg, der zum Strand führte. Es war das Komischste, was er je gehört hatte, und während des Aufstiegs lachte er immer wieder. Aber auf der belebten, überfüllten Hauptstraße schien es irgendwie nicht mehr so lustig zu sein, oder zumindest begann sein Wert als Unterhaltungsquelle rapide zu schwinden. Er stellte fest, dass seine Gedanken unwiderstehlich zu der Enttäuschung des frühen Morgens zurückkehrten. Das Bild von Vestalia stieg vor seinem geistigen Auge auf und wollte nicht verschwinden. Während er ging, brütete er darüber und erkannte , dass Zwischenfälle und Persönlichkeiten sein Interesse daran keineswegs geschmälert hatten. Er stellte sich wieder ihr wunderschönes Haar vor, ihr strahlendes Lächeln, ihre lieben kleinen Allüren, mit einer sehnsüchtigen Herzensleere.

Das Mittagessen im Barbary Club war noch ungenießbarer als sonst, was viel bedeutete. Die vertraute Tatsache, dass die Kellner Deutsche waren, traf ihn erneut und nahm die Ausmaße einer internationalen Beschwerde an. Oben waren ein paar Leute, die angeblich Whist spielten. Er stand eine Weile über den Schultern einiger Spieler und beobachtete mit zynischem Blick den

Fortschritt ihrer hitzigen Rivalität darüber, wer die größere Unfähigkeit und die feinere Dummheit zum Verlust des Gummis beitragen sollte. Als sie ihn fragten, ob er sich einmischen wolle, wandte er sich mit einem spöttischen, verächtlichen Schnauben ab.

Drüben im Billardraum gab es nur den Schiedsrichter und das Mitglied, das weitaus schlechter spielte als alle anderen im Club. David stimmte missbilligend zu, sich mit diesem ungeheuerlichen Außenseiter zu beschäftigen, und wurde von ihm geschlagen. Das Ergebnis war so eindeutig auf einen Zufall zurückzuführen, dass er etwas Geld in das nächste Spiel investierte. Wieder schlug der Trottel wie verrückt zu und gewann, und im dritten Spiel war sein Glück von so eklatanter Natur, dass Mosscrop sich einen lautstarken Kommentar nicht verkneifen konnte. Dies ärgerte seinen Gegner. Sie trennten sich mit harten Worten, und Mosscrop verfluchte die Stunde, in der ihm zum ersten Mal in den Sinn kam, sich mit solch einem schäbigen Pothouse zu identifizieren, und beeilte sich wütend, den Staub von seinen Füßen zu schütteln.

Er machte sich auf den Weg über verwinkelte Straßen, deren alte Bücherstände ihn ausnahmsweise vergeblich lockten, nach Bloomsbury und zum Museum. Im Hintergrund seiner Gedanken war unauffällig eine Art Idee aufgetaucht, dass er möglicherweise Vestalia dort finden könnte. Sobald er das Gebäude betrat, nahm es die deutlichen Umrisse einer Erwartung an. Als er im Lesesaal selbst stand und eine systematische Prüfung der strahlenden Reihen von Lesern begann, geschah dies mit so viel Selbstvertrauen, als wäre er auf Verabredung gekommen. Dass sie nicht entdeckt wurde, beunruhigte und ärgerte ihn. Er machte einen langsamen Rundgang durch den inneren Kreis, dann einen weiteren durch den breiteren äußeren Ring und ließ zu, dass keiner der bekennenden Studenten seinem prüfenden Auge entging.

Was für eine Crew sie waren! Er hatte es noch nie zuvor bemerkt . Seine feindselige Inspektion deckte die kindischen Tricks der jungen Narren auf, die in abgesprochener Abmachung kamen, wahllos Bücher wegnahmen und dicht beieinander saßen und unter der blinden Maske der Literatur heimliche Flirts trieben. Er starrte mit einer neu gewonnenen Vision finster auf die außergewöhnlichen Frauen, denen niemand begegnen wollte – die einsamen Frauen mit exzentrischen Frisuren und verblüffenden Kostümen, die weiß Gott wo auftauchen und sich auf mysteriöse Weise hier auf der Suche nach etwas versammeln, was unglaublich erscheint Sogar der Himmel sollte in der Lage sein, es zu definieren. Als David nun den leeren Egoismus ihres Flatterns und Posierens gegenüber anderen Menschen beobachtete und die verzweifelte Aufmerksamkeit der Öffentlichkeit durch ihre ausgefallene Kleidung und allgemeine Aufmachung beobachtete, schweiften Davids Gedanken grimmig bei der Tatsache ab, dass es Länder gab, die Sitze antiker

Zivilisationen, wo überflüssige weibliche Kinder bei der Geburt ertränkt wurden. Hier, überlegte er mit mürrischer Ironie, bringen wir ihnen das Lesen und Schreiben bei und bauen und lagern stattdessen einen riesigen Lesesaal für sie. Seine Stimmung bevorzugte den Ganges gegenüber der Themse.

Noch pathetischer war das Spektakel einer anderen Klasse von Stammgästen – der armen, schäbigen, hungrigen Leibeigenen des Notierungshändlers. Mosscrop kannte die Gattung vom Sehen und hatte zu anderen Zeiten ihre Betrachtung amüsiert. Wie eine düstere Wut ihn erfasste, als er sah, wie sie sich unintelligent und hoffnungslos unter der Peitsche des Hungers abmühten. Er beobachtete eine Weile einen der Sklaventreiber, einen kleinen, roten Mann mit geschwollenem, spinnenartigem Aussehen , der diese verschwitzten Kerle bei ihrer Arbeit beschäftigte und jetzt ein paar Pence an jemanden austeilte, der keine Minute ohne Nahrung aufrecht bleiben konnte länger, und der sich sofort mit wölfischer Eile davonschlich, während er nun einen anderen mit geflüsterten Vorwürfen und Drohungen vernichtete. Mosscrop sehnte sich danach, diesem Geschöpf das Genick zu brechen oder es zumindest mit lauten Flüchen und größter Verachtung aus dem Zimmer zu werfen.

Stattdessen ging er selbst hinaus, beseelt von einem erfrischenden Gefühl des Grolls über die Sinnlosigkeit der Existenz. Aus purer Gewohnheit trödelte er vor Schaufenstern herum, drehte in einem seiner gewohnten Lagerräume nacheinander Haken und Drucke um und schlug sonst die Zeit bis zum Abendessen tot. Aber er tat das alles, ohne innerlich den Eindruck zu erwecken , dass ihm der Prozess Trost spenden würde. Selbst als er in der Chancery Lane ein paar Leute aus dem Temple traf und mit ihnen eine Reihe von Besuchen in alten Bars in der Nähe unternahm, wo sie alle in ermüdender Länge standen und bei ihren Drinks mit unerträglicher Konsequenz über völlig irrelevante Dinge diskutierten, Seine Gedanken konzentrierten sich trübsinnig auf das Thema seines persönlichen Unglücks. Die vereinzelten Beiträge, die er zur allgemeinen Unterhaltung lieferte, waren alle von scharfem, um nicht zu sagen widerspenstigem Charakter. Es war eine Art mürrische Genugtuung, wenn er beleidigende Bemerkungen und bittere Witze äußerte. Zweimal drohte aufgrund dieser bösartigen Bemerkungen eine Auseinandersetzung, und David begrüßte den drohenden Streit mürrisch; aber das Eingreifen der anderen, ohne seine Hilfe, klärte die Atmosphäre wieder. Sogar die Friedensstifter äußerten jedoch die Meinung, dass er sich schlecht benahm, und nickten fröhlich zum Abschied, als er schließlich erklärte, sie seien eine Horde uninspirierter Idioten, mit denen er zu seinem Staunen wertvolle Zeit verschwendete. Sie hoben spöttisch ihre Gläser auf ihn, als er davonschritt, mit dem Schimmer eines unausgesprochenen „Gott sei Dank!" in ihren Augen.

Das Bewusstsein, dass er sich diesen Leuten unangenehm gemacht hatte, wirkte als Gegenreiz zu seinem inneren Ekel. Es machte die Einsamkeit zumindest ein wenig erträglicher. Er kaufte einen Roman und las ihn neben seinem Teller bei Simpson's, wo die schweren Joints und das schwere alte Bier genau zu seiner Stimmung passten. Das Buch war eines, von dem die Zeitungen im Moment redeten. Als David die ersten Kapitel überflog, dachte er grimmig darüber nach, dass Vestalia ihn gefragt hatte, warum er keinen schottischen Roman schreibe. Sie seien alle in Mode, sagte sie, und solange die Mode anhalte, sei es für einen Schotten Unsinn, so zu tun, als könne er seine Freizeit nicht gewinnbringend verbringen. Er hatte etwas leichtfertig geantwortet, dass seine Vorstellungskraft zwar den Aufbau einer Geschichte umfassen könne, aber nicht in der Lage sei, auch einen ganzen Dialekt zu erfinden, um sie zu erzählen. Wie, als die Laune zu ihm zurückkehrte, seine Fantasie a parodierte Titel für dieses ungeborene Werk. Wie würde „A Goddess, Some Merely Ordinary Fools and Lord Drumpipes " abschneiden?

Ah! diese Drumpipes ! David bezahlte seine Rechnung, zündete sich eine Zigarre an und machte sich auf den Weg, als ihm plötzlich der Gedanke kam, ins Gasthaus zu gehen und sich mit dem Grafen auszutauschen. Während er weitereilte, ballte er die Fäuste.

Die oberste Etage von Dunstan's war in Dunkelheit gehüllt. Mosscrop klopfte und trat zuerst nach „Mr. Linkhaws Tür, um sicherzustellen, dass niemand drin war, dann öffnete er seine eigene und machte Licht. Die Wohnung hatte in seinen Augen immer noch den kühlen, trostlosen Anblick, an den er sich vom Morgen erinnerte. Das Wetter hatte sich geändert, und die feuchte Luft deutete auf ein Feuer hin. Er zog seine weite Jacke und seine Hausschuhe an und erinnerte sich dabei traurig an die Vision , die er erst vierundzwanzig Stunden zuvor gesehen hatte, von diesem hübschen kleinen Hermelin-Schuhwerk auf dem Kotflügel neben ihm, vor dem glühenden Gitter. Er holte die Karaffe und ein Glas hervor und seufzte tief.

Dann erblickte er plötzlich etwas Weißes im Briefkasten. Im selben Moment riss er einen frankierten Umschlag auf, der mit einer großen, seltsamen Handschrift adressiert war, die er doch so gut kannte, und versuchte aufgeregt, die Bedeutung der gesamten geschriebenen Seite vor ihm zu erfassen, ohne sich die Mühe zu machen, die Zeilen darin zu lesen Reihenfolge. Ja, es war von ihr, und – ja, es enthielt Worte der Freundlichkeit und sogar der Zärtlichkeit, die hier und da hell aus dem Kontext hervorstrahlten. Er riss sich zusammen, ging zum Licht und begann entschlossen von vorne.

„Sehr geehrter Mr. Mosscrop , ich hoffe, Sie waren nicht *sehr* enttäuscht, als Sie mich heute Morgen weggefunden haben, oder besser gesagt, ich hoffe, Sie *waren* ein wenig enttäuscht, aber das wird nicht mehr so sein, wenn Sie diese Erklärung erhalten. Ich weiß auch nicht, dass man das als Erklärung bezeichnen kann, denn es scheint mir, dass ich überhaupt nicht in der Lage bin, es mir selbst zu erklären, geschweige denn Ihnen.

„Tatsache ist, dass du so nett und nett zu mir warst, dass ich einfach tun *musste* , was ich getan habe. Ich sah alles, nachdem wir uns getrennt hatten. Unter den gegebenen Umständen und vor allem angesichts der zarten und edlen Art, in der Sie mich behandelt hatten, war es das *Einzige, was* ich tun konnte!

Linkhaws Zimmer befand sich kein Fetzen Papier, nicht einmal ein Buch, aus dem ich ein Vorsatzblatt herausreißen konnte, und auch kein Schreibmaterial Sortieren. Ich habe dieses Papier beim Schreibwarenhändler gekauft und schreibe diese Notiz in einem Hotelschreibzimmer.

„Die teure Kosmetiktasche und die anderen schönen Dinge, die ich dir schulde, habe ich mitgenommen, weil es mir das Herz gebrochen hätte, sie zurückzulassen, und ich war mir sicher, dass du dich freuen würdest, wenn ich sie mitnehmen würde. Jedes Mal, wenn ich sie ansehe, und auch jedes andere Mal, werde ich an den besten Mann denken, den ich je kannte oder von dem ich geträumt habe. Es ist etwas *sehr Wichtiges geschehen, das* für mich von *größtem Nutzen* sein könnte . Es ist noch sehr *ungewiss* , und ich kann Ihnen im Moment noch nichts darüber sagen, hoffe aber, dass ich es bald tun kann.

„Glauben Sie in der Zwischenzeit bitte an meine unsterbliche Dankbarkeit. Vestalia .“

David holte tief Luft, schenkte sich einen Drink ein, zündete sich seine Pfeife an und setzte sich, um den Brief noch einmal zu lesen. Langsam kam er zu dem Schluss, dass er froh war, dass sie es geschrieben hatte — aber darüber hinaus blieben seine Empfindungen hartnäckig undefiniert. Das Mädchen war hinter einer dicken hohen Mauer verschwunden, deren Überwindung seiner Vorstellungskraft nicht gewachsen war. Ein paar vereinzelte Tatsachen erlangten eine gewisse Deutlichkeit in seinem Gedächtnis: Sie war offenbar ganz von selbst gegangen, und sie hatte den Geist seiner Haltung ihr gegenüber am Vortag gewürdigt, und am nächsten

Tag war ihr etwas aufgefallen oder jemand, der ihr Glück bringen könnte. Was für ein Glück? er fragte sich.

In ihren Worten lag ein stillschweigendes Versprechen, dass er informiert werden sollte, wenn diese mysteriöse Wohltätigkeit Gestalt annahm. Das hatte für ihn wenig Trost. Tatsächlich fand er, dass er die Vorstellung, dass sie Glück hatte, an dem er keinen Anteil hatte, eher hasste.

Nehmen wir stattdessen an, dass es nicht abgegangen ist. Würde sie dann zu ihm zurückkehren oder es ihn zumindest wissen lassen, damit er als ihre besondere Vorsehung wieder vorwärts eilen könnte?

Ah, das ist es, was er sein wollte – ihre Vorsehung. Die Vorstellung, alles für sie zu tun, die Quelle all dessen zu sein, was sie hatte, ihre Bedürfnisse vorherzusehen, ihre Freuden zu erfinden, sich freudig um die geringste ihrer süßen kleinen Launen zu kümmern – der Reiz dieser *Rolle* faszinierte ihn mehr denn je. Er erinnerte sich detailliert an die Freudengefühle, die er empfunden hatte, als er Dinge für sie kaufte. Nach einem Gesetz, das er erkannte , ohne es zu analysieren , hatte ihr der Kauf der Artikel, die sie am meisten brauchte, die größte Freude bereitet. Beim Bezahlen des Champagners hatte es nur eine mäßige und gemäßigte Ekstase gegeben, aber oh, was für ein Glück, ihre Stiefel, diese Lockenstäbe und den Kamm zu kaufen! Er war im Nachhinein wieder begeistert. Was wäre es gewesen, sie vollständig in die von ihm bereitgestellten Kleidungsstücke gekleidet zu sehen?

Aber der Käfig war leer – der Vogel war geflogen. Würde sie wiederkommen? Gab es in ihrem Brief wirklich den geringsten Hinweis auf eine solche Möglichkeit?

Nein. Er las es noch einmal und schüttelte mit einem verzweifelten Stöhnen den Kopf über den Kotflügel. Die Düsternis seiner Träumereien betäubte seine Sinne. Er ließ seine Pfeife erlöschen und ließ das Glas an seinem Ellenbogen unberührt, während er mit seinen traurigen Gedanken an der Gesellschaft saß und nicht einmal die Schritte hörte, die bald die Treppe hinaufstiegen.

Ein leises Klopfen an der Tür schreckte ihn aus seinen Meditationen. Mit klopfendem Herzen stand er auf und hob verwundert die Hand an die Stirn. Hatte er geschlafen und geträumt?

Das sanfte Klopfen auf das Bedienfeld erneuerte sich. David bewegte sich wie in Trance auf die Tür zu.

KAPITEL IX.

M osscrop drehte geräuschlos den Schnappverschluss und öffnete die Tür mit streichelnder Sanftheit. Seine Augen hatten sich intuitiv darauf vorbereitet, die schlanke Gestalt Vestalias im trüben Licht des Durchgangs zu erkennen. Stattdessen erblickten sie mit verwirrtem Abscheu eine stämmige männliche Masse. In wütender Verwirrung wanderten sie von der Ebene, auf der sie ihr liebes Gesicht erwartet hatten, nach oben und betrachteten das alberne, mondähnliche Gesicht von Lord Drumpipes .

"Lieber Gott!" stöhnte David, in offener Hingabe an den Ekel.

„Diesmal bin ich leise heraufgekommen", sagte der Earl. „Du hast gestern Abend so viel Krach darüber gemacht, dass ich laut bin, dass ich mir dachte: ‚Jetzt gibt es doch etwas, um Davie zufrieden zu stellen!' Ich werde mich wie eine Maus in Listenpantoffeln anschleichen."'

David blickte ihn wütend und ungeduldig finster an. „Wen zum Teufel kümmert es, was *du* tust?" fragte er grob. „Vielleicht wären Sie mit einer Band der Heilsarmee marschiert, wenn es mir wichtig ist."

„Ah", sagte Drumpipes und drängte sich ruhig an Mosscrop vorbei durch die offene Tür. „Nun, gib mir etwas zu trinken, Davie, Mann, und erzähl mir dann alles darüber. Wo mag die Dame im gegenwärtigen Moment sein?"

Mosscrop kam herein und brachte mit düsterer Miene ein weiteres Glas hervor. Er beobachtete, wie der Earl sich auf den größten Stuhl setzte, sich aus der Karaffe bediente und seine Pfeife anzündete, alles in stimmungsvollem Schweigen. „Sie ist weg", sagte er schließlich kalt.

„Und auch eine gute Arbeit!" bemerkte der andere. „Misstraue allen Gelbhaarigen, Davie! Warst du an meiner Stelle und hast gesehen, was diese Frau getan hat? Da wurde mein Athabaska- Elch tatsächlich von der Wand gerissen und auf dem Boden zerrissen! Es geht um fünfzig Schilling oder sogar mehr, Davie. Wenn man bedenkt, was Sie bereits für sie ausgegeben haben, nenne ich das herzloses Verhalten ihrerseits. Sie muss in der Tat ein schlechter Typ sein, wenn sie alles nimmt, was man ihr geben würde, einen bis zum Äußersten täuschen und dann mutwillig Eigentum zerstören würde, von dem sie wusste, dass man es wiedergutmachen müsste, bevor sie den französischen Urlaub nahm. Ach, Frauen bekommen diese Art von Haar nicht umsonst! Du bist gut aus dem undankbaren Schlamassel herausgekommen, Davie."

Mosscrop sah seinen Freund nachdenklich an. Er lächelte ein wenig vor sich hin und seufzte dann ebenfalls. Eine ruhigere Stimmung kehrte zu ihm zurück. „Ich teile deine Meinung nicht, Archie", sagte er fast sanft. „Ich war darüber so traurig wie ein Kind, das sein Haustier verloren hat, aber ich bin weniger untröstlich als zuvor. Mir fallen einige Entschädigungen ein – und außerdem habe ich einen Brief von ihr. Es kam heute Abend, und seinem Ton nach –"

„Verbrenn es, Mann, verbrenn es!" der andere beschwor ihn mit eifrigem Eifer . „Vertreiben Sie das ganze Geschäft aus Ihrem Kopf! Wenn du mir dein feierliches Wort gibst, Davie, dass ich sie nicht wiedersehen werde" – der Earl hielt inne, um seinen weiteren Worten einen tieferen Ernst zu verleihen – „ wenn du mir treulich versprichst, nichts mehr mit ihr zu tun zu haben, dann ich." Ich werde dir den Elch verzeihen. Ich sagte fünfzig Schilling, aber ich bezweifle, dass Sie unter drei Pfund einen guten Job bekommen. Nun ja, wenn du es sagst, kassiere ich den Verlust. Scheiß drauf, du bist mein Jugendfreund, und ich würde alles tun, um dich vor einer gefährlichen Verstrickung dieser Art zu bewahren. Obwohl es keineswegs ein gewöhnlicher Kopf war. Mann, ich habe diesen Elch wirklich geliebt !"

Mosscrops glattrasiertes und etwas blasses Gesicht hatte allmählich seinen melancholischen Aspekt verloren. Ein fröhliches Grinsen begann nun um seine Mundwinkel zu spielen. „Archie", sagte er mit gespielter Ernsthaftigkeit, „ein Elch ist im Vergleich zu der Situation, mit der Sie gleich konfrontiert werden, mehr oder weniger nicht der Rede wert." Ich kenne das besondere Biest, von dem du sprichst. Es war nicht viel los. An seinem Hals fiel das Fell fleckenweise aus, eines seiner Augen war locker und die rote Farbe an den Nasenlöchern war oxidiert. Nirgendwo auf der Welt hätte man dafür zwölf und sechs bekommen. Aber wenn es die erlesenste Trophäe gewesen wäre, die jemals geritten wurde, und sich ihr Wert dann um das Hundertfache vervielfacht hätte , wäre es immer noch Zeitverschwendung, noch einmal darüber nachzudenken. Ernstere Angelegenheiten erfordern deine Aufmerksamkeit, Archie."

Das Gesicht des Earls wurde länger und er stellte sein Glas ab. Er traute sich offenbar nicht zu sprechen, sondern starrte seinen Freund alarmiert fragend an.

„Wie du vor einiger Zeit gesagt hast", fuhr David mit ärgerlicher Überlegung fort, „sind wir seit unserer Kindheit Freunde. Mein Vater war der Geschäftsmann deines Großvaters und war bis zu seinem Tod dein Faktor. Du und ich haben zusammen gespielt, bevor wir in Verlegenheit kamen. Wir sind zusammen zur Schule gegangen und ich habe mehr Ferien bei Skirl mit dir verbracht als zu Hause. Deshalb kenne ich Ihre Familie und ihre Angelegenheiten praktisch genauso gut wie Sie. Ich kenne deine Schwestern –"

„Sie meinen nicht, dass Ellen ihre Zenana-Missionsarbeit in Burma aufgegeben hat und hierher nach England zurückgekehrt ist?" Trommelpfeifen fielen dazwischen, und sein Atem stockte krampfhaft.

"NEIN; Soweit ich weiß, ist Lady Ellen immer noch friedlich damit beschäftigt, das häusliche Leben des Orients auf ihre bekannte und wirkungsvollste Art und Weise zu peinigen."

„Nun, alles andere *muss* ein geringfügiges Übel sein", sagte der Earl mit einem Ton der Erleichterung. „Wer auch immer es von den anderen ist, Davie, ich sage dir gleich zu Beginn, dass ich mich von der Angelegenheit in Unschuld befreien werde. Meine Schwestern machten die ersten fünfundzwanzig Jahre meines Lebens zu einer Qual auf Erden. Als Jugendlicher haben sie mich aus allen Lebensfrieden gedrängt; Sie haben meine schlechte Ehe für mich gemacht; Sie nahmen mein Geld und verunglimpften dann als Belohnung meinen Charakter. Sie--"

„Oh, ich kenne all diese Gags auswendig", warf Mosscrop ein . „Das sind wirklich sehr anständige Körper, deine Schwestern; Ihr Fehler bestand darin, dass sie glaubten, aus dem Ohr einer Sau eine Seidenhandtasche machen zu können. Aber über sie habe ich überhaupt nicht gesprochen. Der Punkt ist, Archie, dass ich Mr. Laban Skinner und seine äußerst attraktive Tochter kennengelernt habe."

Der Earl nahm diese Nachricht mit großer Langsamkeit auf. Er nippte schweigend an seinem Glas und starrte dann seinen Freund eine Weile an. „Nun, was ist daran so besorgniserregend?" „Forderte er schließlich und ließ seine Stimme vor verwirrter Verärgerung rauer werden. „Das sind doch respektable Leute, nicht wahr? Und was zum Teufel willst du überhaupt?"

„Ah, wenn du diesen Ton anschlägst, alter Mann, ziehe ich mich sofort aus der Angelegenheit zurück."

Drumpipes runzelte die Stirn. „Welche Angelegenheit? Woher weißt du, dass es eine Affäre gibt? Und was hast du damit zu tun, wenn es eine Affäre gibt? Du bist übertrieben, mein Freund. Du nimmst zu viel auf dich."

Mosscrop lachte mit verlockender Freude in seinen Augen. „Gestehen Sie, dass Sie daran denken, aus der Dame eine Gräfin zu machen."

„Nun, und was ist, wenn ich es tue?" erwiderte der Earl. „Verdammt, Mann, ich muss dich nicht um Erlaubnis bitten, oder? Und nun, ich sage es Ihnen klar: Haben Sie jemals in Ihrem Leben eine schönere Frau gesehen?"

David hob richterlich die Brauen und hielt seinen Kopf schief. „Oh, ich sage nicht, dass sie äußerlich etwas falsch macht", gab er zu.

„Mann, sie ist wunderbar! Einfach wunderbar!" rief der andere. „Hat es dir etwas ausgemacht, dass sie ging? Es ist, als wäre sie noch nie in ihrem Leben außerhalb eines Palastes gewesen. Und das Gesicht, die Augen, die Farbe , die Figur – welche Königin in Europa kann damit mithalten? Mann, seit ich sie zum ersten Mal gesehen habe, bin ich überhaupt nicht mehr ich selbst gewesen. Der Gedanke an sie verzaubert mich. Ich weiß kaum, was ich tue. Ich war heute bei meinem Schneider und habe ihm Befehle gegeben, die ihm den Atem raubten. Die teuersten Kleidungsstücke und sogar Pelze bestellte ich mit so leichtem Herzen, als ginge es um Sixpence. Der Mann kennt mich seit meiner Kindheit und hat mich angestarrt, als wäre ich völlig bescheuert. Er schüttelte vor sich hin den Kopf, als ich wegkam. Oh, ich bin ein ganz anderer Mensch, das versichere ich Ihnen. Heutzutage schleudere ich buchstäblich Geld um mich.“

„Du musst tatsächlich verliebt sein“, sagte Moss-Crop. „Der Vater – er vermittelt einem den Eindruck eines wohlhabenden Mannes.“

Das Gesicht des Grafen glänzte. „Er ist bei der Standard Oil Company!“ flüsterte er eindrucksvoll.

Diese Tatsache schuf eine Atmosphäre würdevoller Feierlichkeit. Die beiden Männer sahen sich eine Weile ernst an und sagten nichts. Dann füllte der Earl nachdenklich sein Glas nach.

„Sie ist die schönste Frau, die ich je gekannt habe“, sagte er ernst; „Und ich denke, sie wird mich heiraten.“

„Körperliche Schönheit und Standardöl ergeben eine verführerische Kombination“, bemerkte David philosophisch; "Aber--"

„Oh, es gibt kein ‚aber‘“, beharrte Drum-pipes. „Ihr Geist und Temperament sind genauso gut wie ihr Körper. Wie Sie wissen, lege ich großen Wert auf den Intellekt und habe sie genau studiert. Sie hat ein sehr gesundes Gehirn, Davie – für eine Frau. Aber wie um alles in der Welt sind Sie auf sie gestoßen?“

Mosscrop erklärte es nicht. „Das, was mich seltsamerweise an ihr beeindruckt hat“, sagte er mit ruhiger Diskursivität, „war ihre äußerst demokratische Abneigung gegen unsere Ränge und erblichen Titel. Sie und ihr Vater scheinen die gewalttätigsten Antiaristokraten zu sein, die ich je kannte.“

„Ja, das *ist* ein bisschen umständlich“, gab der Earl zu. „Ich glaube nicht, dass es mit dem alten Mann mehr als nur oberflächlich ist, aber Adele – das ist ihr Name, so schön wie sie selbst, nicht wahr ? – sie meint es enorm ernst. Das hat meinen Pitch ziemlich seltsam gemacht – ich habe ihnen nichts über

den Titel und all das erzählt. Sie kennen mich genauso einfach, Mr. Linkhaw
."

„‚Einfach' ist genau das richtige Wort", kommentierte Mosscrop .

„Nun, was sollte ich tun?" der andere protestierte zur Selbstverteidigung .
„Ich war unter diesem Namen in Kentucky unterwegs – ich war dort, um mir
einen großen Verkauf von Vollblütern anzusehen, wissen Sie – und traf den
Vater, und dann traf ich das Mädchen, und sie brachten mich zu ihrem Haus
auf dem Land – einem großartigen Ort , von George – und sie hatte so viel
gegen die Kurse hier zu sagen und vertrat eine so starke Position gegen Titel
und all das – warum, ich *wäre ein* Idiot gewesen , wenn ich es ihr gleich zu
Beginn gesagt hätte; und danach kam mir nach und nach der Gedanke, dass
ich überhaupt nichts sagen würde, sondern einfach weitermachen und sie als
schlichten Mr. Linkhaw gewinnen würde . Dann könnte ich doch sicher sein,
dass ich allein um meinetwillen geliebt werde, nicht wahr?"

„Deine Sentimentalität ist äußerst rührend", sagte David; „Aber ich
fürchte, es wird dich viel kosten."

„Oh, übrigens, ja", bemerkte Drum-pipes und sammelte seine Gedanken;
„Du hast vor einiger Zeit etwas davon gesagt, dass es eine Art Belästigung
gäbe. Was ist es?" Dann kam ihm eine Idee und er hob eifrig den Kopf. „Du
bist nicht hingegangen und hast über mich geplaudert, oder hast du ihr
gesagt, wer ich bin und so?"

„Ganz im Gegenteil", lächelte David. „Sie war es, die es erkannte *mich*
sofort als Earl of Drumpipes . Anscheinend hast du ihr an Bord mein Bild
gezeigt und ihr erzählt, wer ich bin und alles über mich. Erinnern Sie sich an
den Vorfall?"
Der Earl nickte törichterweise. „Das ist meine verdammte Einbildung",
stöhnte er. „Ich mache mich immer so zum Arsch. Gott weiß nur, warum
ich mir die Mühe gemacht habe, diesen idiotischen Blödsinn zu erfinden.
Aber an Bord ist man furchtbar gesprächig, weißt du? Und so kam alles
heraus, und sie lacht, als sie daran denkt, was für einen tollpatschigen Lügner
und Kerl ich aus mir gemacht habe – und ich habe all diese Klamotten bestellt
– und –"
„Seien Sie beruhigt, edler Thane", rief David fröhlich. „Es gab keine
Offenlegung. Es kam nichts heraus. Ich habe die Situation akzeptiert. Ich
habe dich keinen Augenblick verraten. Ich sagte: „Sicherlich: Ich *bin* der Earl
of Drumpipes ", ohne auch nur ein Augenlid zu zucken. Es gibt Freundschaft
für dich, wenn du so willst."
„Und hat sie geglaubt … ", begann der Earl zu fragen. Dann würgte er vor
lauter Heiterkeit, schnappte nach Luft, rollte auf seinem Stuhl hin und her
und brach schließlich in schallendes Gelächter aus. „Sie denkt, du – du" –
fing er wieder an und brach noch einmal in lauter Fröhlichkeit aus. „Das ist

das Lustigste, was ich je gehört habe", murmelte er schließlich, gewann mit Mühe seine Fassung wieder und grinste Mosscrop mit von Freudentränen feuchten Augen an.

„Es freut mich zu sehen, wie sehr Sie der humorvolle Aspekt der Sache anspricht", bemerkte David, „denn es gibt noch eine andere Phase, der es an Fröhlichkeit mangeln könnte."

"NEIN; Du als Earl, das ist zu lustig!" beharrte Drumpipes mit einem neuen Gelächter. Aber das klang am Ende irgendwie etwas falsch. Ein halb zweifelnder Ausdruck erschien in seinen Augen und ernüchterte sein Gesicht. „Aber du wirst mir in dieser Sache zur Seite stehen, alter Mann, jetzt, wo du damit begonnen hast, nicht wahr?" fragte er in einem veränderten Ton.

„Aber ich habe nicht damit angefangen", stellte David ruhig fest. „Du hast selbst damit begonnen, und sie hat es aus eigenem Antrieb übernommen. Ich habe mich einfach in Ihrem Interesse geopfert. Ich blieb stehen und hörte, wie meine Beweggründe verunglimpft, mein Charakter verunglimpft, meine Ziele im Leben mit Schmähungen bedeckt wurden, alles wegen deiner ererbten Verbrechen, und ich nahm das alles wie ein Lamm. Aber anzunehmen, dass ich das noch einmal oder auf unbestimmte Zeit tun werde, ist eine andere Sache. Es macht mir nichts aus, mich einer einzigen vorübergehenden Demütigung für einen Freund zu unterwerfen, aber es zu einem Bekenntnis zu machen, ist zu viel. Wenn es überhaupt ein anständiger, ausgewachsener Adelsstand wäre, wäre es vielleicht anders, aber für nichts Besseres als einen schottischen Titel gehandelt zu werden – nein, danke!"

„Sie sind nicht der Freund, für den ich Sie gehalten habe", bemerkte der Earl deprimiert. „Im Übrigen", fügte er trotzig hinzu, „waren wir Pilliewillies in Slug-Angus, bevor man von den Campbells hörte oder die Gordons gelernt hatten, ihr Vieh nicht roh zu essen." Und kein Linkhaw hat jemals zu einem Mosscrop gesagt : ‚Ich sehe, du bist in einem Loch und ich werde dich dort zurücklassen.'"

David lächelte. „Nein, du würdest immer mithelfen – zum Festpreis. Nun, Archie, ich sage nicht, dass ich dich bei all dem nicht begleiten werde, aber es muss Bedingungen geben. Und es muss einen Plan geben. Was zum Teufel hast du vor?"

„Nun, meine Idee ist", antwortete die andere zögernd, „dass ich sie bitten sollte, meine Frau zu sein, während sie immer noch annimmt, ich sei nur Mr. Linkhaw ." Sie ist wie alle amerikanischen Mädchen darin, dass sie ausschließlich an Liebesheirat glaubt. Wenn sie mich also als Mr. Linkhaw heiratet , bedeutet das, dass sie mich liebt. Nun gut, dann kann ich ihr hinterher sagen, dass ich eine kleine Täuschung gewagt habe, nur um die Chance zu haben, die Frau zu gewinnen, die ich wollte, und um sicherzustellen, dass ich allein um meinetwillen geliebt werde. Und dann, seien Sie ehrlich, ich glaube nicht, dass es einer Frau in der Haut liegt, darüber wütend zu sein, dass sie überraschend zur Gräfin gemacht wurde. Wenn ich sagen würde, dass ich ein Earl bin und es sich dann herausstellt, dass ich keiner bin, dann würde sie sich beschweren, aber es ist umgekehrt."

„Genau", warf David ein, „diese besondere Schande ist mir vorbehalten." Aber angenommen, sie akzeptiert dich nicht."

„Das ist kaum der Annahme wert. Ich glaube, zwischen uns ist so gut wie klar, dass sie mich akzeptieren wird."

„Aber dann nehmen wir an, sie lässt Sie im Stich, nachdem Sie ihr offenbart haben, dass Sie kein einfacher Mr. Linkhaw sind ."

„Wenn das gut gemanagt wird, habe ich auch keine Angst davor. Sie sehen, ihr Vater ist kein durch und durch Amerikaner. Er wurde tatsächlich in England geboren und ging als Junge dorthin. Das ist eine sehr merkwürdige Sache, wissen Sie. Engländer, die dorthin gehen und den Ort mögen, werden amerikanischer als die Yankees selbst. Aber sie verändern ihr Blut nicht, oder? Und auch Frauen sind sich ziemlich ähnlich, egal welchen Bluts sie haben. Sie sind alle so organisiert , dass sie eine Krone an der Ecke ihres Taschentuchs haben. Nein, es wird alles gut, wenn du nur bei mir bleibst."

„Ah, jetzt kommen wir zur Realität", sagte Moss-crop freundlich. „Das wird eine ziemlich teure Angelegenheit, Archie. Ich habe sehr hohe Vorstellungen, mein Freund, was das Verhalten eines Earls angeht. Ich könnte nicht davon träumen, die Sache auf der sparsamen und vertraglichen Basis zu erledigen, die zu Ihnen passt. Die Aufgabe fällt mir schwer. Ich werde stundenlang dasitzen und völlig frei von jeglichen mentalen Empfindungen aussehen müssen. Ich weiß nichts über Fußball und Cricket und habe nicht den Namen eines einzigen Jockeys auf meiner Zunge; Dadurch wird das Gespräch für mich zu einer peinlichen Angelegenheit. Ich werde ständig unter dem Wissen leiden, dass ich als ein bösartiger Narr, ein Lebemann, ein Spieler und ein Wüstling der herzlosesten Art angesehen werde, und das wird mir ziemlich auf die Nerven gehen. Irgendeine Entschädigung muss ich haben. Nun vertrete ich die Theorie, dass ein Adliger niemals Kleingeld bei sich haben sollte. Auf Trinkgelder für Kellner würde ich großen Wert legen. Sie sollten immer aus Gold sein. Einem Souverän einen Souverän in die Hand zu geben, ist ebenfalls eine wertvolle Handlung. Sein anschließendes Verhalten gibt den Hinweis auf die Haltung der gesamten sichtbaren Welt Ihnen gegenüber. Ein Vierspänner gegen Brighton ist ebenfalls eine gute, solide Form, wenn man sich genügend Mühe mit der Ausrüstung gibt. Ein privates Hansom in der Stadt ist natürlich unverzichtbar. Mir ist klar , Archie", schloss er entschuldigend, „dass ich kein besonders umfassendes Verständnis für die Anforderungen des Ranges an den Tag lege. Mir fallen jetzt spontan nur noch ein paar Dinge ein; aber ich werde meine ganze Energie auf die Aufgabe konzentrieren, sobald ich sie ernsthaft in Angriff nehme. Sie können darauf vertrauen, dass ich der Situation gewachsen bin. Ich werde ein Adliger sein, um den sich bloße Baronette auf der Straße kümmern werden."

Drumpipes zeigte ein blasses und besorgtes Lächeln. „Du hättest deinen Witz, Davie, aus der Not eines jeden Mannes heraus", sagte er schwach.

"Witz!" rief Mosscrop . „Da machst du einen furchtbaren Fehler, Archie. Nie war der Mensch ernster."

„Aber Sie hätten keine Gelegenheit, Geld auszugeben oder sich zur Schau zu stellen", drängte der andere. „Natürlich nicht, dass ich ein oder zwei mehr oder weniger gönnen würde, wenn es wirklich nötig wäre. Aber in diesem Fall geht es darum, dass Sie sich verstecken und nicht mehr gesehen werden sollten. Es besteht keine Notwendigkeit, dass sie dich wieder trifft. Je länger ich darüber nachdenke, desto klarer wird mir, dass sie es nicht tun sollte. Es könnte alles verderben, verstehen Sie nicht?"

„Oh nein, mein Junge !" gesellte sich David fröhlich zu ihm. „Ich bin kein Einsiedler-Aristokrat. Ich bin der Typ Earl, der zur Stelle ist und die Leute wissen lässt, dass er anwesend ist. Ich werde Ringe an meinen Fingern und Glöckchen an meinen Zehen haben. Ich werde – ja, lass mich sehen!"

Sein Gesicht erhellte sich bei einem abschweifenden Gedanken. „Warum, Mann, ich habe in sechs Tagen Geburtstag! Das ist es, der 24. Ich wusste, dass zwischen uns ein Jahr fehlte, in dem eine Woche fehlte. Sie hat es mir heute Morgen aus dem Adelsstand vorgelesen – am 24. August. Dann werde ich das Jubiläum so feiern, wie es noch nie zuvor gefeiert wurde. Ich werde meinen unmittelbaren Freunden eine Unterhaltung in einem Umfang bieten, der meiner Position und der Bedeutung des Gedenkereignisses entspricht. Was halten Sie von einer besonderen Limousine nach Portsmouth und einem Abendessen auf meiner Jacht? Man konnte für diesen Anlass eins anheuern und bemannen und von einem Hotel hierher einen Stab aus Köchen und Bediensteten schicken . Oder könnten Sie sie in Portsmouth bekommen? Fällt Ihnen etwas Passenderes ein?"

„Mach weiter mit deinem Scherz", antwortete der andere mürrisch. „Aber ich kann nur sagen, dass es verdammt geschmacklos ist. Hier bin ich in dieser misslichen Lage und du gießt Essig in meine Wunden statt Öl."

„Ich gehe davon aus, dass Sie sich auf Standard Oil beziehen. Nein, du sollst das Öl haben, Archie. Sie werden bei dieser Gelegenheit mein Gast sein und Mr. und Miss Skinner treffen . Wir vier werden die Partei bilden; und ich werde einen so fesselnden Anblick bieten, wie der Adlige, der Träger erblicher Würden und Titel, in unmittelbarer Nähe unter seinen vertrauten

Freunden gesehen wird, dass die Dame Bewunderung hervorrufen wird. Sie wird sagen: „Ah, ich hätte nie gedacht, wie entzückend ein Earl sein kann, wie perfekt seine Manieren, wie bewundernswert sein Taktgefühl , wie großartig seine Eigenschaft als Gastgeber." Ich werde sie *en bloc* mit der Aristokratie versöhnen ."

„Sagen Sie, wissen Sie", warf Drumpipes ein , „ich bin mir nicht sicher, ob da nichts dran ist."

„Irgendetwas drin? Mein lieber Herr, es steckt voller befruchtender Wahrscheinlichkeiten. Ich gebe diese Party und mache sie so, wie es ein Earl tun sollte. Ich bemühe mich, dieses transatlantische Paar zu faszinieren. Ich führe ihre Fantasie in den Bann meiner ererbten Verführungskraft. Ich gebe ihnen das Gefühl, dass es mehr bedeutet, Gäste eines Earls zu sein als nur Schönheit, feine Gewänder und Standardöl. Ich wecke in ihnen einen warmen Schimmer der Zärtlichkeit gegenüber dem Feudalismus, eine Stimmung, die beim bloßen Gedanken an das Mittelalter dahinschmilzt. In diesem psychologischen Moment springst du ein und verstehst, dass du selbst so etwas wie ein Earl bist – und da bist du!"

Drumpipes nickte zustimmend und verständnisvoll, während er über das so skizzierte Projekt nachdachte. „Ich bin mir nicht sicher, ob mir der Plan nicht gefällt", wiederholte er. „Aber es ist riskant. Sie hat ein furchtbares Gespür für Düfte, dieses Mädchen. Wenn man es nicht jede Minute mit voller Kraft spielen würde, würde sie das Ding wie eine Schrotflinte verbiegen. Du würdest sie doch ziemlich oft bei mir lassen, nicht wahr, und dich dem alten Mann widmen? Das wäre am sichersten, wissen Sie."

„Das würde kaum reichen. Es wäre nicht charakterlich. Wenn ein Earl eine Party gibt und eine schöne junge Frau dabei ist, redet er nicht mit windigen alten Fossilien in Gehröcken. Es würde unnatürlich aussehen. Es könnte so gut wie keinen Verdacht erregen. Und jetzt verschwinden Sie besser. Ich will ins Bett gehen."

Der Earl erhob sich, blieb einen Moment unschlüssig stehen und legte dann eine Hand auf Mosscrops Schulter. „Davie", sagte er ernst, „es gibt eine Sache, an die Sie sich erinnern müssen. Du bist kein guter Mann im Umgang mit Geld – wenn ich deine Vorfahren nicht kennen würde, würde ich dir überhaupt nicht zutrauen, ein Schotte zu sein – denk daran, mein Junge , dass diese Anwälte schreckliche Rechnungen gegen mich und Farmwerte ausgestellt haben Ich bin alle auf die furchtbarste Art und Weise zusammengebrochen, und ich selbst habe in letzter Zeit nicht mehr so streng auf den Geldbeutel geachtet wie sonst, und deshalb mache ich die Sache so mäßig – –"

„Oh, verdammt!" lachte Mosscrop und stieß ihn aus dem Zimmer.

Als er allein war, schien der Gedanke, zu Bett zu gehen, an Dringlichkeit verloren zu haben. Er zündete seine Pfeife an und setzte sich, um Vestalias Brief noch einmal zu lesen.

KAPITEL X.

Beim Frühstück, drei Morgen später, saßen Mr. Laban Skinner und seine Tochter trödelnd über ihren Tellern und schickten den Kellner etwas schroff wieder raus, als er hereinkam, um den Tisch abzuräumen, da er davon ausging, dass sie mit dem Essen fertig waren.

Jeder hatte einen Brief aus der Frühpost gelesen.

„Es ist eine Einladung des Earl of Drumpipes ", bemerkte der Vater und betrachtete seine Tochter über seinem *Zwicker* , „in der er in etwas abrupten und alltäglichen Worten seinen Wunsch zum Ausdruck bringt, dass wir darüber nachdenken sollten." Wir waren mit dem nahenden 24. Tag den ganzen Tag über seine Gäste, der Anlass war der Jahrestag seiner Geburt." Während er sprach, überreichte er ihr den Zettel zur Einsicht. „Der Eindruck, den seine Ausdrucksweise auf mich erweckt", fügte er hinzu, „ist der eines Menschen, der einen oberflächlichen Akt der Höflichkeit gegenüber Ausländern seines Bekanntenkreises vollbringt und ihnen feierlich eine Gastfreundschaft anbietet, von der er annimmt, dass sie abgelehnt wird."

„Oh, überhaupt nicht, Papa", kommentierte Adele und warf einen kurzen Blick auf den Zettel. „Alle Adligen schreiben auf diese formelle Weise. Es ist Teil ihrer Erziehung. NEIN; Er möchte, dass wir kommen, richtig. Ich habe hier einen Brief von Herrn Linkhaw , in dem er die Sache erklärt. Natürlich war es ein Vorschlag von ihm."

„Ich wage die Hoffnung", sagte Mr. Skinner, „dass er die Gelegenheit verbessert, auch die ansonsten unverständliche Tatsache zu erklären, dass wir eine ganze Woche lang weder Augenbeweise noch andere greifbare Manifestationen seiner Anwesenheit auf dieser Seite des Atlantiks hatten." . Ich zögere nicht, meine Überraschung darüber zu gestehen, dass ich nach seinen vielfältigen und, ich würde sagen, sogar aufdringlichen Beteuerungen, uns seine Dienste in London zur Verfügung zu stellen, nicht umhin kann, es als seine Gleichgültigkeit gegenüber unserem – unserem zu betrachten hier sein."

„Nein", sagte Adele selbstbewusst, „es ist alles in Ordnung. Er wurde länger in Schottland festgehalten, als er erwartet hatte – eine sehr dringende Familienangelegenheit – und kam erst vor ein paar Tagen in London an und steckt seit seiner Ankunft bis zum Hals in der Arbeit. Außerdem", fuhr sie mit einem kleinen Lächeln fort, „ist er sehr offen; Er sagt, dass er keine Kleidung hat, mit der er in London herumlaufen kann, aber sein Schneider arbeitet Tag und Nacht an einigen neuen für ihn, und sie sind für den 23. versprochen, damit er bei der Geburtstagsfeier am nächsten Tag ..."

„Ich bin weit davon entfernt, Adele", unterbrach der Vater ernst, „Ihnen einen Mangel oder eine Unfähigkeit der Wahrnehmung zuzuschreiben, wenn es um Feinheitserwägungen geht; Aber ich denke, es ist gerechtfertigt, darauf hinzuweisen, dass ein junger Herr zu Hause, zumindest in dem sozialen Umfeld, an das Sie seit Ihrer Kindheit gewöhnt sind, ein Thema dieser Art in seiner Korrespondenz mit einer jungen Dame intuitiv meiden würde."

„Oh, die sind hier anders", erklärte die Tochter lässig. „Sie reden hier ganz offen über viele Dinge, die wir nie im Traum erwähnen würden. Erinnern Sie sich an die Dame vor uns im Theater gestern Abend – als die Männer in ihren Kostümen zwischen den Vorstellungen vorbeikamen, um mit ihr zu reden – , wie sie ihnen direkt sagte, dass sie sich, obwohl es so heiß sei , Luft zufächeln müsse Währenddessen fühlten sich ihre Beine immer noch ziemlich zitternd an. Nun, eine Rede wie diese würde Louisville auf den Kopf stellen, geschweige denn Paris, Kentucky, aber hier vergeht sie ohne die geringste Aufmerksamkeit. Es ist der Brauch des Landes. Mir selbst gefällt es eher."

Mr. Skinner seufzte und pickte ängstlich mit einem Löffel auf sein Ei. „Ich vertraue darauf, dass es mir nicht an Toleranz gegenüber den natürlichen Unterschieden in Gewohnheit und Verhalten mangelt, die die weit voneinander entfernten Zweige der angelsächsischen Rasse auszeichnen, oder an dem Wunsch, mich an ihre Besonderheiten anzupassen, wenn ich ihnen im Laufe des Kurses gegenüberstehe von Auslandsreisen; aber es fällt mir schwer, mit Genugtuung darüber nachzudenken, wie man ein weichgekochtes Ei isst, das auf diesen Inseln beliebt ist . Meiner Meinung nach ist die Negierung des Prinzips eines Schwerpunkts , das bei der Konstruktion dieses Eierbechers eine Rolle spielt, in Kombination mit den beanstandend unzulänglichen Abmessungen des Löffels ..."

„Dann lege es auf deinen Teller; „Der Kellner kommt erst wieder, wenn ich klingele", schlug die Tochter vor.

„Ich bevorzuge die Alternative der Enthaltung", antwortete er. „Das Schauspiel der Flecken auf dem Tuch oder auf dem Teller wäre für die prüfende Aufmerksamkeit des Dieners gleichermaßen anregend."

Während er sprach, erhob er sich. Adele, die die Briefe einsammelte, tat es ihr gleich und klingelte.

Nachdem Mr. Skinner einen kurzen Blick aus dem Balkonfenster auf das Flusspanorama geworfen und dann über die Marktspalten einer Zeitung geblickt hatte, wandte er sich wieder seiner Tochter zu.

„Ich gehe davon aus, dass wir die Einladung des Earl of Drumpipes annehmen sollen ", bemerkte er zögernd.

Adele nickte. „Natürlich", sagte sie; „Das soll der formelle Anfang von allem sein. Es ist beabsichtigt, unsere Position hier völlig normal zu machen. Lord Drumpipes ist das Oberhaupt von Mr. Linkhaws Familie. Es ist völlig angebracht, dass er die Initiative ergreift und uns anerkennt ."

„Ah ja, indem er uns erkannt hat ", wiederholte er. „Ich nehme an, Adele, es wäre zwecklos, wenn ich noch einmal auf die Frage zurückkommen würde, ob Sie die gegensätzlichen Überlegungen in Bezug auf Mr. Linkhaw und die —" ausreichend abgewogen haben.

„Gnade, ja!" warf Adele prompt ein. „Lass uns das nicht noch einmal machen. Ich habe alles in meinem eigenen Kopf geklärt."

„Da mir die Gelegenheit geboten wurde, den Earl of Drumpipes persönlich zu beobachten und mit ihm zu sprechen ", fuhr der Vater fort, „und so maßgebliche Schlussfolgerungen über den britischen Adel im Allgemeinen zu ziehen, habe ich viel über dieses Thema nachgedacht." Während ich nicht behaupte, dass meine wohlbekannten Ansichten über die aristokratische Institution als Ganzes eine spürbare Veränderung erfahren haben, schrecke ich nicht vor dem Eingeständnis zurück, dass der Gedanke, durch Heirat mit dem Träger eines erblichen Titels verbunden zu sein, nicht mehr besteht präsentiert sich mir in so abstoßenden Farben wie früher. Wenn Sie also angesichts Ihrer unbestrittenen Vorteile auf die Idee kommen sollten, ein mögliches Bündnis mit dem Adel in Erwägung zu ziehen, möchte ich nicht, dass Sie das Gefühl haben, dass meine Überzeugungen ein notwendigerweise unüberwindbares Hindernis für ..."

„Nein, nein!" unterbrach die Tochter lachend. „Ich verspreche, Ihre Überzeugungen so weit zu missachten, wie Sie möchten. Aber jetzt möchte ich, dass du rausgehst und dir die Zeit bis zum Mittagessen alleine vertreibst. Ich möchte in Ruhe gelassen werden. Es *gibt* einen Ort, an den ältere amerikanische Herren gehen können, ohne Unfug zu treiben, nicht wahr? Ach ja, du musst gehen, und zwar nicht nur nach unten, um am Hoteleingang herumzuhängen, sondern gleich irgendwohin. Warum? Mein lieber Papa, ich habe meine Geheimnisse genauso gut wie du."

„Aber mein Geheimnis", protestierte er schwach, „ich versichere dir, Adele, dass es wirklich überhaupt nichts ist." Das heißt, es geht um sowohl interessante als auch wichtige Dinge; aber die Tatsache, dass es mir verwehrt wird, sie zu erwähnen, ist reiner Zufall und völlig bedeutungslos."

„Auf Wiedersehen bis zum Mittagessen", antwortete Adele mit freundlicher Festigkeit. „Und denken Sie daran, das Gelände zu verlassen."

Mr. Skinner fand seinen Hut, lächelte seine Tochter zweifelnd an und entfernte sich ohne weiteres Gespräch.

Adele, allein gelassen, blickte auf die Uhr in ihrem Gürtel und verglich ihren Rekord mit dem der verzierten Uhr auf dem Kaminsims. Sie nahm die Zeitung in die Hand und ließ einen ziellosen Blick über eine Seite nach der anderen schweifen. Dann ging sie mit einer ruhelosen Bewegung umher und hielt von Zeit zu Zeit inne, um einen stirnrunzelnden, aber gleichgültigen Blick auf die Szene zu werfen, die sich hinter dem Balkon abspielte.

Endlich ertönte ein Klopfen an der Tür, und als sie das hörte, rief sie gerade ein klares, befehlendes „Komm!" Sie verbarg alle Anzeichen von Unruhe oder Gefühlen jeglicher Art aus ihrem schönen, dunklen Gesicht.

Es war Vestalia , die den Raum betrat – Vestalia , gekleidet in zierliche, unprätentiöse und schicke Gewänder, ordentlich behandschuht und mit viel strahlender Selbstbeherrschung auf ihrem hübschen Gesicht. Sie blieb auf der Schwelle stehen, nickte ihrer Gastgeberin zu, anstatt sich zu verneigen, und ließ ein kleines Lächeln in ihren Augen funkeln und um ihren rosaroten Mund spielen.

„Ich stelle fest, dass es deinem Vater nicht sehr gut gelingt, seine Geheimnisse zu bewahren", bemerkte sie freundlich und leitete das Gespräch ein.

„Würden Sie sich nicht freuen, Platz zu nehmen", sagte Adele mit übertriebener Ruhe. Sie selbst setzte sich auf einen Stuhl und musterte ihre Besucherin langsam, während sie fortfuhr: „Mein Vater hat keine Geheimnisse vor mir. Er versucht es – nur selten –, aber es klappt nicht. Ich kann Ihnen jedoch offen sagen, dass er mir in diesem Fall nichts gesagt hat. Ich habe Ihre Adresse und andere Informationen gefunden, als ich seine Taschen durchsucht habe. Ich bin nicht verpflichtet, Ihnen das zu sagen: Ich habe einfach Lust darauf, das ist alles. Ich hasse Verstellung."

„Und ich nehme an, Sie haben Ihre Sachen ohne Taschen zusammengestellt", schlug Vestalia freundlich vor.

Adele verleiht ihrem Blick etwas mehr Entschlossenheit. „Ich habe dir geschrieben und gebeten, dich anzurufen", sagte sie kühl, „weil es lästig wurde, nicht zu wissen, was du vorhast."

„Ah", antwortete Vestalia , „es sieht so aus, als hätte Ihr Vater einen Teil unserer Korrespondenz vernichtet. Wie gedankenlos von ihm!"

Miss Skinner hielt inne und zog ein wenig ihre königlichen Brauen zusammen. Sie schien nicht weiterzukommen. „Ich möchte keine Zeit damit verschwenden, lustig zu sein", erklärte sie nach einigem Zögern. „Haben Sie jetzt, wo Sie hier sind, etwas dagegen, mir zu sagen, warum Sie meinem Vater geschworen haben, ein Geheimnis vor mir zu bewahren?"

„Oh, nur eine Laune von mir, mehr nicht", versicherte ihr Vestalia leichthin. „Ich habe oft solche Vorstellungen, die ich mir überhaupt nicht erklären kann."

„Nein, du hattest einen Grund", beharrte der andere mit Ernst. „Und du musst mir sagen, was es war. Ich war offen zu Ihnen."

„Und ich werde nicht in Aufrichtigkeit hinter dir stehen ", sagte Vestalia , als ob sie durch einen Appell an ihr besseres Selbst gewonnen hätte. „Das lag daran, dass du mich im Museum angesehen hast, als ob du dachtest, meine Haare wären gefärbt."

„Nun ja, so ist es, nicht wahr?" forderte Adele unverblümt.

„Bei meiner Ehre , nein!" antwortete der andere. „Und jetzt siehst du mich an, als ob du denkst, das wäre nicht viel, worauf du schwören könntest. Es ist möglich, dass Sie es nicht merken , aber Ihre Augen lassen in Sachen Höflichkeit zu wünschen übrig."

„Ich fürchte, das stimmt", stimmte Adele zu. „Ich habe den Eindruck, dass ich die Dinge sehr genau betrachte, einfach weil ich kurzsichtig bin. Ich sollte eine Brille tragen, aber sie steht mir nicht."

„Ja", sagte Vestalia mit meditativem Blick, „es wäre schade, wenn du sie anziehen würdest." Sie *würden* Ihr Gesicht beeinträchtigen. Es ist so wie es ist sehr schön – für einen dunklen Stil."

„Manchmal habe ich das Gefühl, dass ich es fast satt habe, dunkel zu sein", gestand Adele. „Deine Haare sind das Schönste, was ich je gesehen habe. Ich konnte sehen, dass Ihr Gentleman-Freund im Museum es sehr bewunderte."

„Oh ja, das hat er wiederholt gesagt", antwortete Vestalia mit einem zurückhaltenden Ausdruck der Freude über die Erinnerung.

Wieder gab es eine kleine Pause. Dann versuchte sich Miss Skinner an einer weiteren Eröffnung. „Ihr Name – Peaussier – würde auf französische Abstammung hinweisen", bemerkte sie. „Und die Franzosen sind in der Regel so düster, nicht wahr? Meine Mutter war eine Kreolin – aus Louisiana, wissen Sie – und ich nehme an, das erklärt meine Hautfarbe ."

„Nun, meine Mutter war schottischer Abstammung", erklärte Vestalia , „und sie sind sandig."

„Der schottische Herr, mit dem Sie im Museum waren – er war eindeutig ein dunkler Mann", schlug Adele mit beiläufiger Art vor.

„Wenn ich darüber nachdenke, war er es auch", sagte Vestalia .

Das gemessene und feierliche Ticken der teuren Uhr auf dem Kaminsims ließ die Stille eine Zeit lang für sich allein, während die beiden Damen einander ansahen.

„ Also erzählst du mir nichts?" rief Miss Skinner schließlich aus.

„Das Problem ist, verstehen Sie nicht, dass ich völlig im Dunkeln bin, was Sie wissen wollen? Wenn Sie mir sagen würden, was genau in den Taschen Ihres Vaters war, kann ich dann beurteilen, welche Lücken in Ihren Informationen bestehen."

Adele lachte laut. „Trotz allem glaube ich, dass du wirklich ein absolut guter Kerl bist", erklärte sie. „Sag mir, was du tust! Ich versichere Ihnen, dass Sie völlig falsch liegen, wenn Sie denken, dass ich jemand bin, vor dem man sich hüten muss und vor dem man Geheimnisse für sich behalten muss. Komm, siehst du nicht, wie sehr ich dich wirklich mag? Und du wirst mir nicht vertrauen! Ich nehme an, es ist das blonde Temperament, misstrauisch und unempfänglich und berechnend. Oder nein, das meine ich nicht so, das weißt du, aber du könntest mehr Vertrauen in mich setzen, wenn ich dir alles erzählt habe."

"Alles?" murmelte Vestalia süß.

„Über Papas Taschen, weißt du."

"Ah ja."

„Es war alles deine Schuld", drängte Adele. „Du hast mich dorthin getrieben. Und wenn du es jetzt nicht sagst, weiß Gott, zu welchen Verbrechen ich darüber hinaus vielleicht nicht getrieben werde."

schreckliche Katastrophe abzuwenden ", rief Vestalia . „Die Sache ist einfach. Ich bin von Beruf, Beruf, wie auch immer Sie es nennen, ein Verfasser von Ahnentafeln und Genealogien. Meine Ausbildung absolvierte ich bei einer Amerikanerin, die ausschließlich für amerikanische Kunden arbeitete. Sie ist jetzt tot, das Geschäft ist aufgelöst und ich war lange Zeit untätig. Als ich deinen Vater sah und seinen Namen hörte, kam mir ein Gedanke. Ich weiß viel über die Skinners in England."

„Papa wurde selbst in England geboren, wissen Sie", warf Adele mit wachsendem Interesse ein.

„Ja, ich weiß", fuhr Vestalia fort. „Wie gesagt, ich verfüge über hervorragende Informationsquellen über die Familie, und mir kam der Gedanke, dass er höchstwahrscheinlich froh wäre, wenn die Unterlagen durchsucht und ein vollständiger Stammbaum erstellt würden. Ich schrieb ihm dementsprechend – er hatte dieses Hotel erwähnt – und ich kam und traf ihn unten im Empfangszimmer, und er schien von der Idee begeistert zu sein und gab mir sofort einen Auftrag. Was noch wichtiger war, er war so freundlich, mir etwas im Voraus zu bezahlen. Es kam genau in dem Moment, um – auch um einen sehr dringenden Bedarf zu decken, das kann ich Ihnen sagen.“

„Ah, armes Mädchen!“ sagte Adele zärtlich. „Aber warum um alles in der Welt hattest du Angst, dass *ich es* wissen sollte? Ich glaube deine Geschichte mit den Haaren nicht, weißt du?“

„ Das *war es wirklich* “, protestierte Vestalia . „Ich konnte sehen, dass du mich nicht mochtest. Ich *hatte* Angst vor dir – das heißt davor, dass du deinem Vater gegenüber Vorurteile hegst. Und wenn Sie nur wüssten, wie dringend ich den Job brauchte! Erinnerst du dich nicht, du hast mich sehr scharf angesehen.“

„Wenn ja, dann deshalb, weil ich überrascht war, zu sehen, mit wem du zusammen warst.“

"Wie meinen Sie?" fragte Vestalia verwirrt. „Wir waren dir bestimmt beide völlig fremd.“

"NEIN. Ich erkannte den Herrn anhand eines Fotos, das ich von ihm gesehen hatte. Ich hatte das Gefühl, dass er nicht gerade ein netter Gentleman für Sie wäre.“

„Dann hatten Sie eine absurde und völlig falsche Idee“, sagte Vestalia entschieden. „Es gibt keinen wahreren und edleren Gentleman auf dieser Erde als ihn. Ich habe Grund zu wissen, was ich sage. Wenn Ihnen jemand etwas anderes gesagt hat, wurden Sie belogen, das ist alles.“

„Lieber, mein Lieber, wie sehr du es ernst meinst“, rief Adele. „Du musst *mein* Freund sein und mich auch hinter meinem Rücken auf diese Weise verteidigen. Wenn ihm deine Haare so gut gefallen haben, dann mag ich das auch.“

„Lass uns keine Witze über ihn machen“, warf Vestalia ernst ein. „Ich fühle mich ihm gegenüber sehr verpflichtet. Er hat mir das Leben gerettet – und – und ich möchte lieber über etwas anderes reden. Wir sprachen von den Skinners – und ihrem Stammbaum.“

Adele stimmte der Ablenkung mit einer Kopfneigung zu, doch ihre Augen behielten den Glanz überraschter Neugier. „Ja, die Skinners“, sagte sie vage.

„Ich kann sie bis zu Sir Theobald Skinner, Ritter, zurückverfolgen, der 1541 eine Schenkung der Abteiländereien von Coggesthorpe , Suffolk, erhielt – der wiederum der Großvater von Walter Skinner war, der Elizabeth, Tochter und Miterbin von John, heiratete Banstock , Esquire, aus Meechy , Norfolk, und wurde erster Lord Gunser .“

Adele spitzte die Ohren. "Was ist das? Sind wir mit dem Adel verwandt? Oh, das meinte Papa mit etwas Interessantem und Wichtigem! Wer hätte gedacht, dass er so schlau sein könnte? Oh, tatsächlich, das würde erklären – " Sie brach ab und lächelte, zuerst wissend für sich selbst, dann mit offener Herzlichkeit gegenüber Vestalia . „Oh, mach weiter", drängte sie. „Erzähl mir von unseren Herren." Vestalia schüttelte den Kopf. „Wir – das heißt, Sie haben heutzutage keine Herren mehr", gab sie reumütig zu. „Der Adelsstand der Gunser ist vor fast zweihundert Jahren in männlicher Linie ausgestorben. Die Nebenzweige der Familie wurden zu Freibauern auf dem Boden, den ihre Vorfahren besessen hatten – einige von ihnen wurden sogar Bauern, Landarbeiter . Heutzutage gibt es keine wohlhabenden oder höflichen Skinner mehr – außer *Ihrem* unmittelbaren Zweig."

„Und selbst ich habe keine höflichen Augen", lachte Adele. „Ja, ich erinnere mich, dass Papa erzählt hat, wie arm sein Volk war. Er habe den Geschmack von Fleisch kaum gekannt, sagte er, bis er als Junge nach Amerika ging. Und so haben Sie alle seine Beziehungen aufgespürt. Wissen Sie, dass dort derzeit Cousins oder Verwandte leben? Er hatte einen Bruder, der älter war als er, Abram war sein Name, glaube ich, und er trat in die Armee ein und ging vor die Hunde, glaube ich. Zumindest hat Vater danach nie mehr von ihm gehört."

„Er ist tot", versicherte Vestalia ihr. „Er ist vor die Hunde gegangen, wie Sie sagen. Er hatte einige Söhne, aber auch sie sind tot."

„Und es gab also tatsächlich Skinners im Adel!" überlegte Adele laut. Der Gedanke schien sie zu erregen. Sie stand auf und betrachtete sich im Spiegel über Vestalias Kopf hinweg. Letzterer stand ebenfalls auf.

„Oh, musst du gehen?" sagte Adele. „Es gab so viel, was ich dir sagen wollte. Wir müssen uns bald wiedersehen. Darauf werde ich bestehen. Sehen Sie, ich kenne hier absolut niemanden meines Geschlechts außer Ihnen. In ein paar Tagen wird es anders sein, aber das wird keinen Unterschied darin machen, dass ich dich mag. Oh ja – ich wollte Sie fragen – kennen Sie einen Mr. Linkhaw ?"

Vestalia sah ihren Vernehmer einen Moment lang ausdruckslos an, dann errötete sie ein wenig und lächelte verwirrt. „Ich habe den Namen gehört", antwortete sie, „aber ich habe den Herrn nie gesehen, der ihn trägt."

Adele zog die Brauen zu einem halben Stirnrunzeln zusammen. „Er ist ein guter Freund des Herrn, der mit Ihnen im Museum war", sagte sie zweifelnd.

„Ja, das habe ich verstanden", antwortete Vestalia . „Auf diese Weise hörte ich den Namen."

„Wirklich, wie seltsam wir beide miteinander vermischt sind!" rief der andere mit dämmernder Ungeduld. „Du könntest mir so viele Dinge erzählen, die ich unbedingt wissen möchte, wenn du nur wolltest. Es ist provozierend, so im Dunkeln tappen zu müssen. Und Sie werden sich nicht einmal über mich ärgern und etwas erwidern. Sogar auf diese Weise könnte ich etwas lernen – und wir könnten es hinterher ganz einfach wieder gutmachen."

„Ah, aber das ist es, wozu ich unter keinen Umständen gekommen bin", erklärte Ves-talia mit freundlicher Gelassenheit. „Nichts würde mich dazu verleiten, mich über dich zu ärgern."

„Angenommen, ich bestehe darauf, unangenehm über den Herrn im Museum zu reden", schlug Adele vor, mit möglicherweise böswilligem Tonfall.

„Ich sage nicht, dass du mich nicht betrüben und verletzen kannst, aber du kannst mich nicht wütend auf dich machen. Sehen Sie, ich weiß Dinge, die Sie nicht wissen und die Ihre Ansichten über mich und andere Dinge völlig verändern würden, wenn Sie sich dessen bewusst wären. Daher wäre es von mir aus unfair, Ihnen die Schuld für Äußerungen zu geben, die in Unkenntnis der Wahrheit gemacht wurden."

„Aber gerade gegen diese Ignoranz protestiere ich mit aller Kraft!" sagte Adele mit Vehemenz. „Das ist unfair. Es macht mich lächerlich."

„Ich sehe selbst keinen Sinn darin", stimmte Vestalia schlicht zu. „Ich dachte immer, es wäre der einfachste Weg, einem alles auf einmal zu erzählen. Oder nein – was habe ich gesagt?" sie beeilte sich, in Missbilligung des entzündeten Blicks des anderen hinzuzufügen; „Zuerst habe ich das nicht so empfunden. Ich war es, der ursprünglich vorgeschlagen hat, dass man es Ihnen am Anfang nicht sagen sollte. Ich *hatte* Angst vor dir, weißt du? Aber jetzt geht es mir ganz anders. Ich würde mich freuen, wenn du alles wüsstest – aber dein Vater ist anderer Meinung. Es ist jetzt viel mehr sein Geheimnis als meines. Ich glaube nicht, dass es einen Grund gibt, warum ich Ihnen nicht so viel erzählen sollte."

„Oh-h!" stöhnte Adele, wütend über ihre Hilflosigkeit. „Nun, sagen Sie mir doch mal: Wie lange soll dieser Blödsinn noch aufrechterhalten werden?"

„Nein, fragen Sie mich nicht", antwortete Vestalia schließlich mitfühlend. "Ich weiß nicht. Ich kann nur sagen, dass ich es jetzt genauso satt habe wie du. Ich wünschte, du würdest das glauben. Es würde mich geistig beruhigter machen."

„Nun, dann glaube ich es", antwortete das dunkelhäutige Mädchen mit impulsiver Bereitschaft. „Oh, und mir fällt etwas ein, von dem ich glaube, dass du es mir sagen *kannst* . Sie erinnern sich an den Tag im Museum. Nun, der Herr, der bei Ihnen war, kam am nächsten Tag hier vorbei, Papa hatte Sie inzwischen heimlich unten gesehen. Nun schien Papa offensichtlich verärgert über diesen Herrn zu sein, als er heraufkam und ihn hier antraf. Warum war das denn so?"

Vestalia dachte nach. Es war offensichtlich, dass die Frage sie wirklich verwirrte. „Alles, woran ich denken kann", antwortete sie nach einiger Überlegung, „ist, dass Ihr Vater es für selbstverständlich gehalten hatte, dass dieser Herr mein Ehemann war – und als sich in unserem Interview herausstellte, dass er es nicht war, stellte Ihr Vater mich sehr in Frage Ich hatte viel mit ihm zu tun, und es kam vor, dass es sich um ein Thema handelte, zu dem ich ihm nicht viel sagen konnte, und ich vermute, dass er sich aus diesem Grund eine negative Meinung über Mr. Mosscrop gebildet hatte. Das ist die einzige Erklärung, die mir einfällt. Ich weiß, dass er gesagt hat, er denke, es wäre gut für mich, ihn nicht wiederzusehen oder überhaupt mit ihm in Kontakt zu bleiben – aber ich habe ihm trotzdem noch am selben Tag einen Brief geschrieben." Nun war Adele an der Reihe, nachzudenken. „Aber warum", begann sie zögernd, „warum sollte Papa es auf sich nehmen, dir zu sagen, was du tun und was nicht tun soll?" Was geht ihn das etwas an? Und wenn ihm die Sache nicht gefiel, warum sollte er dann freundlich zu Ihnen bleiben und den Herrn, den Sie Mr. Mosscrop nennen, brüskieren ? Nicht, dass es ihm etwas ausgemacht hätte, oder dass es irgendetwas bedeutet hätte, aber es verwirrt mich, dass Papa sich auf diese seltsame Art und Weise verhalten sollte."

„Ja, es wäre natürlicher gewesen, der Frau die kalte Schulter zu zeigen und dem Mann nichts Schlimmes vorzuwerfen", stimmte Vestalia ernst zu. „Da stimme ich Ihnen voll und ganz zu."

„Nun, das *ist doch* der Lauf der Welt, nicht wahr?" warf Adele entschuldigend ein. „Träume nicht davon, dass ich etwas Falsches vorschlage."

„Oh nein", sagte die andere geduldig, aber mit einem Anflug von Müdigkeit in der Stimme. „Es spielt keine Rolle, so oder so."

„Du liebst ihn also?" Adeles schwarze Augen leuchteten in einer plötzlichen, freundlichen Wärme, die Vestalia zu Herzen ging.

„Oh, wie soll ich es dir sagen?" sie geriet ins Stocken. „Es ist alles so dumm – und ich bin so unglücklich? Er war die Güte für mich, und er muss denken, dass ich mich wie ein Rohling benahm – wie ein gewöhnliches Mädchen von der Straße – oder noch gemeiner, denn zumindest heißt es, dass sie *ein gewisses* Gefühl der Dankbarkeit empfinden. Er kam wie die Vorsehung selbst, um mir zu helfen, als ich völlig am Verhungern war und wie ein Hund nach draußen ging – und ich *war* dankbar, und doch muss er hier denken, dass ich der Abschaum dieser Erde bin!“

Sie blickte ihre Begleiterin aus schwimmenden Augen an, und als Antwort küsste Adele sie.

„Ich gehe jetzt“, stammelte sie hastig, als hätte die Liebkosung sie noch mehr verunsichert. „Ich bin länger geblieben, als ich beabsichtigt hatte. Ja, ich werde wiederkommen – wenn du deinem Vater erzählst, dass ich dort war, und er sagt, dass ich vielleicht komme.“

„Ich würde ihn gerne noch etwas sagen sehen!“ rief die junge Dame aus Paris, Kentucky. "Die Idee!"

Und als sich die Tür hinter Vestalia geschlossen hatte , ballte diese dunkle Schönheit die Hände, schritt empört durch den Raum und wiederholte mit zusammengebissenen Zähnen: „Die Idee!“

———————————————

KAPITEL XI

V estalia blieb am Straßeneingang des Hotels stehen und blickte zweifelnd den Hügel hinauf zu den sich verändernden Umrissen des lauten, überfüllten Strandes.

Die Aussicht stieß sie ab und sie lenkte ihre langsamen Schritte in die andere Richtung. Sie überquerte die leere, sonnendurchflutete Fahrbahn des Dammes und schlenderte im Halbschatten der jungen Linden, die entlang der Flussbrüstung ein kümmerliches Dasein fristen, nach Westen.

Während sie ging, schaute sie von Zeit zu Zeit über das Mauerwerk auf das Wasser, und jeder Blick wanderte instinktiv flussaufwärts zum Abschnitt der Westminster Bridge, der zart im Mittagsdunst über dem Körper der schläfrigen Flut schwebte. Die stattliche Schönheit der gegenüberliegenden Gebäudehaufen, die es miteinander verband und zu dem erhabensten Bild zusammenführte, das die Alte Welt kennt, empfand sie, als sie darauf zuging, um ihre Stimmung zu beruhigen und zu heben. Ihre Lippen öffneten sich vor Vergnügen angesichts des Schauspiels und bei dem Gedanken, dass dort, in dieser herrlichen Zeitspanne zwischen St. Thomas und St. Stephen, ihre eigene Romanze geboren worden war.

Die warme Heiterkeit der Szene, die unnachahmliche Gelassenheit ihrer weiten Teile, die in so majestätischer Ruhe im Sonnenschein lagen, schienen das schwache Flattern und die Niedergeschlagenheit zu tadeln, denen sie ihren Busen überlassen hatte. Die Romantik, die ihr Gemüt in Anspruch nahm und von der tatsächlich ihr ganzes Wesen ein Teil geworden war, hatte dort, im Herzen dieser gütigen Erhabenheit, ihre Heimat. Die Anmut, der Charme und die edle Stärke dessen, was sie betrachtete, tadelten ihren schüchternen Mangel an Vertrauen in das Schicksal, wie es sich auf der Westminster Bridge bildet. Sie ging mit festerem Schritt vorwärts, den Kopf erhoben, und ihre Augen trockneten sich am Glanz ihres eigenen Blicks.

Und so war sie, getragen von dem mächtigen Zauber, den diese großartige Aussicht auf sie ausübte, nicht überrascht, als er auch David Mosscrop in seinem Gefolge einfing und ihn an ihre Seite stellte. Es war an der Ecke der Brücke, und eine kurze Ansammlung von Fußgängern, die durch die erhobene Hand eines Polizisten zum Stillstand gebracht wurden, lenkte ihre Gedanken ab, und dann berührte sie jemand am Arm.

Sie drehte sich um und saugte das Geschehene mit ruhigen, zärtlich selbstbeherrschten Augen in sich auf. Sie zuckte nicht zusammen, als wäre ihr Geist völlig überrascht. Sie spürte kein Wunder, sie zitterte nicht vor Unruhe angesichts des Unerwarteten. Der leuchtende Respekt, mit dem sie den Neuankömmling umarmte, war für ihn ebenso unvernünftig wie die spontanen Verzückungen des Traumlandes. Kein Wort kam über ihre Lippen, aber es lag in der Luft, dass sie wusste, dass er kommen würde.

„Ich wollte gerade einen Burschen da drüben in seinem Club aufspüren", sagte Mosscrop , wobei sein gröberer männlicher Sinn eine Erklärung nahelegte, „und ich habe zufällig hierher geschaut, und ich habe mich vergewissert, dass du es warst, und —"

Auch er blieb abrupt stehen, und die langsameren Feuer entzündeten sich in dem Blick, der ihr begegnete. Sie sahen sich in einem langen Moment des Schweigens in die Augen. Er zog ihren Arm in seinen, während der Zauber dieses anhaltenden Blicks noch immer auf ihnen ruhte. Dann sprach sie mit einem längeren, glücklichen Seufzer.

„Ich möchte noch einmal zu diesem lieben kleinen Ort gehen, wo wir gefrühstückt haben", sagte sie leise. „Du musst mir meinen eigenen Weg lassen. Ich habe jetzt Geld in meiner Handtasche und du musst mit mir zum Mittagessen kommen. Und es muss – oh, es *muss* da sein."

Sie fuhren dorthin, diesmal in einem hochhängenden, prächtigen, geräuschlosen Fuhrwerk, das mit verzückter Regungslosigkeit durch die belebten Straßen raste.

„Es ist wieder wie im Märchenland", flüsterte sie und schmiegte sich in dem engen, tief gepolsterten Gehege an ihn. Und er legte im Schutz der geschlossenen Türen seine Hand auf ihre, atmete schwer und murmelte in ekstatischer Reaktion einen Tonfall ohne Worte.

In einem lächerlichen Bruchteil der Zeit waren sie am Ende ihrer Reise angekommen. Sie hatten den Eindruck, auf einem fliegenden Teppich gereist zu sein, als sie fast reumütig aus ihrem Tagtraum vom Pfeilflug durch den Weltraum erwachten, ausstiegen und den Taxifahrer bezahlten. Sie lachten gemeinsam über den Gedanken, ohne erwähnen zu müssen, was sie amüsierte. Bevor Vestalia das Restaurant betrat, zog sie ihre Begleiterin ein paar Türen die Straße hinauf und blieb vor dem schmalen Fenster der alten französischen Schuhmacherei stehen. Hier lachten sie wieder, er fröhlich, sie mit einem anhaltenden, sanften Nachklang von Gefühl in ihrem Ton.

Erst als sie in dem kleinen Raum darüber saßen und sie ihre Handschuhe ausgezogen hatte und nach freudigem Beharren darauf, alles selbst zu machen, einige Gerichte von der Karte ausgewählt und den Kellner mit der Bestellung losgeschickt hatte, kamen ihre Zungen wurden gelockert.

David lehnte sich in seinem Stuhl zurück und strahlte zufrieden. Er begann in dem gemessenen, fließenden Ton zu sprechen, an den sie sich so gut erinnerte. „Zuallererst, liebes Mädchen", sagte er, „möchte ich meine grenzenlose Freude darüber, dich wiederzufinden, zu Protokoll geben. Ich ziehe meinen Hut vor den Göttern. Sie haben sich für mich einen Segen ausgedacht, der alle erdenklichen Übel meines Lebens verschlingt. Ich schwöre, mich für den Rest meiner Tage über nichts zu beschweren, was sie tun. Sie haben dich mir zurückgegeben; und wenn ich langweilig genug bin, dich wieder zu verlieren, dann werde ich unterwürfig den Kopf vor den verdienten Missgeschicken eines Esels beugen."

Die blauen Augen des Mädchens funkelten in einem sanften, fröhlichen Licht. „Es ist eine große Freude, deine Stimme wieder zu hören", sagte sie sanft. „Die Echos davon haben seit unserem Abschied ein leises Rauschen in meinen Ohren gehalten, als ob ein Geist eine Phantomhülle dicht an meinen Kopf halten würde. Und jetzt ist es, als hätten wir uns überhaupt nicht getrennt, nicht wahr? – ich meine, vorerst."

„Ah, es spielt so keine Rolle, was du meinst", antwortete er in liebevollem Scherz. „Zu meinem großen Unglück habe ich einmal einen Fehler begangen, indem ich mich auf Ihre mentalen Prozesse verlassen und ihnen erlaubt habe, sich in Taten umzusetzen. Glaube nicht, dass ich noch einmal so schwach sein werde. Der Schlüssel wird von nun an immer wieder auf Sie gerichtet sein."

Sie lachte fröhlich und schüttelte spielerisch trotzig den Kopf. „Ah, aber nehmen wir an –", begann sie und ließ dann einen Blick fröhlicher Schüchternheit ihren Satz vervollständigen.

„Ich gebe zu, dass ich neugierig bin", sagte er. „Ich würde Ihre Vorstellung von den Motiven, die Sie dazu veranlasst haben, vor mir davonzulaufen, sehr schätzen."

Ihre Stimmung wurde spürbar ernüchtert. „Ich habe es getan, weil es richtig war."

„Als Triebfeder menschlichen Handelns ist das unzureichend", kommentierte er. „Fast alle schmerzhaften und peinlichen Dinge sind richtig, aber weise Menschen vermeiden sie trotzdem so weit wie möglich."

„Nein, es war richtig für mich zu gehen", beharrte sie. „Ich konnte nicht bleiben und von jemand anderem abhängig sein, egal wer dieser andere war. Ihre Freundlichkeit mir gegenüber an diesem ganzen Tag war für mich dankbarer, als Sie denken können. Ich hatte an diesem frühen Morgen dort auf der Brücke solche Angst, war so trostlos und hilflos und krank vor Angst vor dem, was aus mir werden würde, dass ich nicht im Traum daran dachte, zu zögern, bei deiner – deiner Freundschaft Zuflucht zu suchen. Es war, als würde man unter ein gastfreundliches Dach gehen, während es draußen in strömendem Regen regnete, und ich war sehr dankbar für die Zuflucht. Aber als es klar wurde, konnte ich nicht mehr bleiben, nur weil man mich willkommen geheißen hatte, oder?"

„Da Sie mich fragen, erkläre ich unter Tränen, dass Sie es könnten."

„Nein, im Ernst", drängte Vestalia ; „Stimmen Sie mir nicht zu, dass Frauen genauso selbstständig und unabhängig sein sollten wie Männer?"

"Mich? Ich stimme absolut zu. Ich möchte, dass Frauen auf der ganzen Welt auf der unerschütterlichsten Unabhängigkeit bestehen. Dieser Punkt liegt mir so am Herzen, dass ich vom gesamten Geschlecht nur eine Ausnahme machen würde. Ich kann mir vorstellen, dass nur sehr wenige Menschen eine so fortgeschrittene Position einnehmen würden. Stell dir nur vor, wie weit ich gehe! Es gibt Hunderte Millionen Frauen, und ich möchte, dass sie alle unabhängig sind, außer einer einzigen. Durch einen merkwürdigen Zufall ist es so, dass Sie derjenige sind – aber Sie werden fair genug sein, zu erkennen , dass dies, davon bin ich überzeugt, nur die geringste Chance ist."

Sie machte einen lustigen kleinen Mund zu ihm, und er fuhr fort:

„Ja, es ist sehr seltsam. Ich kann nicht behaupten, dafür eine Erklärung zu geben, aber Sie bilden zweifellos eine Ausnahme von dem, was ansonsten eine universelle Regel wäre. Der Gedanke, dass andere Frauen ihren Lebensunterhalt selbst verdienen, erfüllt mich mit Freude. Ich bin davon fasziniert, das versichere ich Ihnen. Schon bei der leisesten Andeutung dieser Idee möchte ich in ein Lied ausbrechen. Aber gerade dieses Übermaß an Ehrfurcht vor dem allgemeinen Prinzip erzeugt eine entsprechende Heftigkeit der Gefühle gegenüber der einen einzigen Ausnahme. Das entspricht einem Naturgesetz. Sicher respektieren Sie die Naturgesetze? Nun ja, die vage Andeutung der Idee, dass du Dinge für dich selbst tun könntest, erschüttert mich vor Wut. Die Vorstellung, dass mein Recht, die volle Verantwortung für Sie zu übernehmen, umstritten ist, erscheint mir ungeheuerlich und abscheulich. Es ist eine Verleugnung meiner Mission auf Erden, und ich bin verpflichtet, sie mit all meinen Kräften zu bekämpfen."

Vestalia lächelte. "Ich verstehe was du meinst. Du bist nur ein alter prähistorischer Wilder wie der Rest deines Geschlechts. Ihre einzige Idee ist, eine Frau in Ihre Höhle zu zerren und sie dort festzuhalten, während Sie während Ihrer Abwesenheit einen großen Stein vor die Tür rollen.

„Ich möchte nicht, dass Sie die primitiven Instinkte herabsetzen", drängte Mosscrop mit feierlicher Miene. „Mein Wort, ohne sie wären wir ein außerordentlich uninteressanter Haufen. Sie sind das bleibende Knochen-, Fleisch- und Muskelfleisch der Menschheit, auf dem jede törichte Generation der Reihe nach ihr eigenes dünnes, triviales Fell modischer Konventionen ausbreitet. Mein Wunsch, dich zu ergreifen und dich in meine eigene Höhle zu zerren und es mir zur Lebensaufgabe zu machen, dich dort zu halten, immer schön, immer glücklich, immer die Quelle der Freude in meiner

Existenz wieder aufzufüllen – das wählst du als etwas Typisches aus der Urmensch, der in mir überlebt. Lass mich dir sagen, süße kleine Vestalia , dass der menschliche Geist morgen von seinem ewigen, wehmütigen Traum vom Fortschritt aufhören würde, wenn es nicht die Hoffnung gäbe, dass die fortschreitende Zivilisation bessere Möglichkeiten für solche Dinge mit sich bringt. Die Welt würde verwelken, sich wie ein saftloses Blatt zusammenrollen und von ihrem Sonnenstiel in den gasförmigen Raum fallen, wenn diese Erwartung weggenommen würde. Das Rennen hält sich nur durch den Glauben daran, dass dieser Planet irgendwann, irgendwo in der goldenen Zukunft, so arrangiert wird, dass immer die richtige Frau in die richtige Höhle kommt. Das meinen die Menschen, wenn sie vom Millennium sprechen."

„Das ist alles schön und gut", sagte Vestalia , „aber es geht um alles aus der Sicht des Mannes." Betrachten Sie die andere Seite des Falles. Was sagen Sie zu der Abneigung der Frau gegen das Höhlenleben – hat das keinen Anspruch auf Respekt?"

„Möglicherweise", antwortete David nachdenklich, „ wenn man daran glauben könnte."

An dieser Stelle kam der Kellner mit einem beladenen Tablett im Arm herein, und Vestalia nahm die Weinkarte entgegen. „Was hatten wir da – das in den schönen hohen grünen Flaschen mit den Armen wie eine Vase?" sie fragte Mosscrop . „Wir müssen das Gleiche wieder haben."

„Du hast mir noch nichts erzählt", sagte David vorwurfsvoll, als sie wieder allein waren, „von all den tausend Dingen, die ich wissen möchte."

„Das ist so schwer zu sagen", erklärte sie zögernd. „Das heißt, es gibt Dinge, die ich zumindest im Moment niemandem erzählen soll. Und was ich *Ihnen nicht sagen sollte* – warum ich angewiesen wurde, Sie ganz zu meiden. Mir wurde sogar gesagt, ich solle dir nicht schreiben – aber ich habe es trotzdem getan – nur einmal."

David nahm einen zerknitterten Umschlag aus einer Innentasche über seinem Herzen, hielt ihn zur Inspektion hoch und legte ihn zurück. Doch während er das tat, begannen sich düstere Schatten auf seinem Gesicht zu sammeln. Er legte Messer und Gabel nieder, biss sich auf die Lippen und blickte aus dem Fenster.

Vestalia erinnerte sich schnell an grausige Assoziationen mit diesem Blick. Sie streckte ihre Hand aus und legte sie auf seinen Arm. „Du darfst da draußen nicht hinsehen", protestierte sie. „Es hat eine schlechte Wirkung auf dich. Schauen Sie mir stattdessen bitte ins Gesicht!"

Er schüttelte ungeduldig den Kopf und starrte mit verbissenen, blinzelnden Augen auf die gegenüberliegenden Dächer. „Du begreifst nicht , was das alles für mich bedeutet hat", sagte er schließlich, den Blick immer noch abgewandt. Das Zittern in seiner Stimme berührte das Mädchen zutiefst.

„Hör mir zu – David", sagte sie, und in ihrem Ton spiegelte sich etwas von seinem Pathos wider. „Dreh dich um und sieh mich an. Ich habe es heute nicht einmal für einen Moment des Missverständnisses übers Herz gebracht. Es gibt nichts auf der Welt, das ich dir nicht sagen würde. Aber du musst mich ansehen!"

Er gehorchte ihr langsam und sie sah, dass er Tränen in den Augen hatte. „Aber anscheinend gibt es Dinge, von denen es gnädig wäre, sie mir nicht zu sagen " , sagte er und kämpfte einen Moment lang um Fassung. Dann zogen sich seine Brauen zusammen und Blitze spielten in der Dunkelheit seines Blicks. „Wer verbietet dir dieses oder jenes?" forderte er, das wütende metallische Knurren erklang in seiner Stimme. „ Vor vier Tagen warst du ganz allein auf der Welt! Du hast es mir gesagt! Im Detail haben Sie mir Ihre Isolation versichert. Worüber redest du jetzt? Sie sprechen davon, Anweisungen zu erhalten – mich ganz zu meiden, mir keinen Brief zu schreiben! Oh, ich verlange keine Erklärungen –" fuhr er stürmisch fort und schob seinen Stuhl zurück, um vom Tisch aufzustehen – „ ich glaube nicht, dass ich das Recht beanspruche, Sie zu befragen." Aber ich irre mich, das ist alles! Ich bin ein dummer Idiot bei einem Spiel dieser Art. Ich nehme die Dinge ernst, während die anderen lauthals lachen. Nun, ich hatte meine Lektion. Vor Gott werde ich niemals –"

Vestalia schrie ihn an. Sie war an ihrer Stelle halb aufgestanden und blickte mit verwirrten, erschrockenen Augen, bis ihr eine vage Ahnung davon aufging, was er meinte. „Törichter David! Töricht!" sie weinte jetzt laut. "Hör auf! Hör auf! Du weißt nicht, was du sagst! Bleib still und lass mich mit dir reden!"

Sie beugte sich über den Tisch und schüttelte ihn energisch an der Schulter, um ihren Worten Nachdruck zu verleihen. „Du liegst völlig falsch!" sie schrie , als sein Sturm aus zornigen Worten nachließ. In die Stille, die darauf folgte, fügte sie mit Nachdruck hinzu: „Oh, du Gans!"

Er sah mürrisch zu ihr auf, als sie nun aufrecht stand – und als er den Blick in ihren Augen sah, spürte er, wie er sich daran festklammerte. Es hatte für ihn die Wirkung von Sonnenschein – von Wolken, die sich teilten, von strahlendem Glanz und wiederhergestellter Ruhe um ihn herum. Er atmete schwer, blickte ihr ins Gesicht und kam aus dem, was er darin sah, irgendwie zu der Erkenntnis, dass er sich lächerlich gemacht hatte. Diese

Wahrnehmung nahm in seinem Kopf scharfe Umrisse an, bevor sie ein Wort gesprochen hatte.

„Wirst du dich jetzt benehmen und mir zuhören?" forderte sie streng. Sein erschütterter Ausdruck der Reue reichte als Antwort aus und sie setzte sich selbstbewusst hin. „Jetzt werde ich dir die Dinge erklären – obwohl du es überhaupt nicht verdient hast", begann sie in förmlichem Ton. „Erinnern Sie sich zunächst einmal an den amerikanischen Vater und die amerikanische Tochter, die wir unten im Keller im *Museum* getroffen haben ?

David war wieder an seinem Platz angekommen. Irgendwie hielt er in diesem Moment Vestalias Hände in seinen, und der verzauberte Tisch verengte sich, bis es zwischen ihren Lippen keine Barriere mehr gab.

Der kleine Kuss versüßte die Luft. Die beiden dachten mit Ehrfurcht daran, obwohl sie einen schüchtern überraschten Blick austauschten. Sie gönnten seiner Betrachtung instinktiv einen Moment zärtlicher Stille.

„Wie klug warst du darin, meinen Sauerteig der Grausamkeit zu erkennen", bemerkte er schließlich. „Oder Sauerteig? wir sagen besser: Hauptzutat!"

„Ich mag dich so", sagte Vestalia leise.

Er lächelte sie in verträumter Ungläubigkeit an. „Ich frage mich, ob das der Fall ist", überlegte er. „ Man sagt, Frauen mögen Männer, die sie schlagen. Die Polizeigerichte scheinen die Idee zu unterstützen. Aber es gibt eine Schwierigkeit, sehen Sie. Wenn du mich mochtest, weil ich mich dir gegenüber schlecht benommen habe, dann sollte ich dich genau aus diesem Grund nicht mögen. Sie dürfen also keine Billigung suggerieren. Nein, ich war sehr unhöflich und dumm und schäme mich zutiefst. Ich würde mich schämen, auch eine Entschuldigung anzubieten, wenn es nicht einfach die richtige wäre. Ich bin Hals über Kopf in dich verliebt, liebe kleine Dame."

„Und wofür genau ist das eine Ausrede?" forderte das Mädchen mit einer schönen Zurschaustellung unbefangener Ruhe.

„Dafür, dass mein Mittagessen kalt geworden ist", antwortete er und nahm seine Gabel.

Unter dem Lachen zufriedener Kinder nahmen sie den unterbrochenen Gang des Essens wieder auf.

„Es schmeckt nicht annähernd so gut wie *dein* Frühstück", bemerkte sie nach einer Weile.

„Ich glaube nicht, dass heute ein Tag zum Essen ist", sagte er und schob den Teller beiseite. „Ich möchte nichts anderes tun, als dich nur anzusehen – vielleicht ein wenig reden – aber dich noch viel mehr reden hören. Ich bin mir einer unstillbaren Sehnsucht nach dem bloßen visuellen Charme von dir bewusst, wie du mir gegenüber sitzt. Es scheint, als würde es Jahre dauern, dies allein zu erreichen. Weißt du, dass du in deinen neuen Kleidern sehr schön bist, mein Lieber?"

Sie betrachtete sein Gesicht mit einem scharfen, fast ängstlichen Blick, bevor sie zuließ, dass der sanftere Blick ihren eigenen dominierte. „Ich werde mich beeilen, Ihnen zu sagen, wo ich sie habe", sagte sie. „Sie sind das Geschenk meines Onkels – des Bruders meines Vaters. Das war es, was ich zu erklären begann, als – als du so unglücklich wurdest."

„Ja – das ist das barmherzige Wort – unglücklich", stimmte er dankbar zu. „Seit ich dich in dieser Nacht verloren habe, bin ich geistig völlig außer Fassung. In mir steckt ein besonderer Teufel, Vestalia , der sich manchmal lange versteckt hält und mich kaum an seine Existenz erinnert, aber seit letztem Donnerstag ist er Tag und Nacht auf dem Kriegspfad. Allein die Anstrengung, ihn festzuhalten, strapaziert meine Nerven wie die Saiten einer Geige. Dein Anblick bedeutet für ihn den Tod, Liebes. Er ist jetzt verschwunden – völlig aus der Existenz verschwunden. Und solange du bleibst, wird er nicht zurückkehren. Aber der Kerl hat mich müde und ein wenig zitternd zurückgelassen. Ich möchte mich ausruhen, indem ich dich nur ansehe."

Sie lächelte mit zurückhaltender Freude über seine Rede und seinen Blick und erzählte ihm kurz die Geschichte des Skinner-Stammbaums. „Es fiel mir ein, als ich am frühen Morgen aufwachte", erklärte sie. „Ich werde immer glauben, dass ich es wirklich zuerst geträumt habe. Interessieren Sie sich für Träume?"

„Oh, immens – damals."

"NEIN; aber da *ist* etwas in ihnen. Ich versichere Ihnen, dass mir die Idee an dem Tag, als wir sie trafen, nie in den Sinn kam. Aber bevor ich am nächsten Morgen einigermaßen wach war, da war es, alles hat geklappt. Der alte Herr war Höflichkeit selbst. Er kam sofort herunter, als ich meine Nachricht nach oben schickte. Als ich ihm erzählte, dass ich einen Stammbaum der Skinners erstellen wollte, gefiel ihm die Idee sofort. Dann erzählte ich ihm von etwas anderem, und das gefiel ihm viel mehr."

Vestalia hielt hier inne und begann, ihre Begleiterin mit Anzeichen schwindenden Selbstvertrauens zu betrachten. „Ich kann nicht weiter gehen, ohne dir ein äußerst demütigendes Geständnis abzulegen", stockte sie.

„Dann geh nicht weiter, ich flehe dich an", antwortete er. „Ich fühle mich wirklich nicht besonders gerührt von dieser ganzen Demonstration Ihrer Fähigkeit, Dinge aus eigener Kraft zu erledigen. Es ist zweifellos unabhängig und lobenswert und das alles, aber ich habe immer noch das Gefühl, dass Sie zum Frühstück hätten bleiben sollen, wissen Sie, und mir bloße kommerzielle Details überlassen sollten. Und vor demütigenden Geständnissen schrecke ich auf jeden Fall zurück. Überspringen Sie die unangenehmen Teile. Bei unserem heutigen Fest werden wir keine Skelette haben."

„Ah, aber sie können nicht übersprungen werden", seufzte Vestalia . Sie trat näher an ihn heran, über den Tisch hinweg, und senkte ihre Stimme. „Ich habe dir törichterweise einige Dinge erzählt, die nicht so waren – an diesem ersten Morgen", vertraute sie in traurigem Tonfall an. „Es war eine Art Romanze über mich selbst, die ich in meinem Kopf aufgebaut hatte, und ohne groß darüber nachzudenken, habe ich sie Ihnen als Wahrheit mitgeteilt. Solange ich es für mich behielt, schadete es nicht; Es hat mir sogar das Leben leichter und erträglicher gemacht, wie ein armes Kind, das glaubt, sie und ihre Stoffpuppe seien Prinzessinnen. Aber es war etwas anderes, es dir zu sagen. Mein Vater war kein französischer Gentleman. Er war kein Offizier und wurde nicht in einem Duell getötet. Er war nie mehr in Frankreich als ich. Meine Mutter *war* Schottin, gehörte aber keiner adligen oder wohlhabenden Familie an. Sie hinterließ keine Familienjuwelen mit einem Wappen darauf, und niemand hat sie um ein Privatvermögen betrogen, weil sie so etwas nie besaß. Es war nur mein individuelles Märchenland, das ich Ihnen als real beschrieben habe. Ich habe dir nicht einmal meinen wahren Namen verraten." David lächelte tröstend über ihren verzweifelten Gesichtsausdruck. „Du sprichst, als ob es wichtig wäre. Liebes Kind, wertschätzen wir eine seltene und schöne Lilie weniger, weil der Gärtner sie versehentlich mit dem falschen Etikett versehen hat? Tut-tut! Namen und Abstammung und all das – das ist für mich der unwichtigste Kram auf Erden. Die Geschichte, die du mir erzählt hast, war in meinen Ohren nur deshalb angenehm, weil sie von deinen Lippen kam. Die Entdeckung, dass es nun *ganz* Ihnen gehörte – dass es sich nicht um die bloße Aufzählung langweiliger Tatsachen handelte, sondern das Kind Ihrer eigenen inneren Vorstellungen war –, macht es für mich nur umso erfreulicher. Ich habe es vorher einfach in meiner Erinnerung aufbewahrt; Ich liebe es jetzt – und gleichzeitig habe ich das Gefühl, dass ich es ganz vergessen habe. Es gibt ein Paradoxon für Sie!"

Vestalia versuchte, unter Tränen zu lächeln. „Du bist immer freundlicher, als selbst ich es von dir erwarte", stockte sie; „Aber ich habe dir eine – eine Geschichte erzählt, und eigentlich solltest du sehr wütend auf mich sein."

David lachte. „Hans Christian Andersen hat mir viele Geschichten erzählt, aber ich habe ihn bis zum Schluss immer mehr verehrt. Liebe Frau, die Geschichten sind die einzig wahren Dinge im Leben. Die vermeintlichen Realitäten der Existenz ziehen an uns vorbei oder überrollen uns und lassen uns farblos und leer zurück. Die wahren Besitztümer unserer Seele – die Dinge, die unsere spirituellen Behausungen formen, schmücken und ausstatten – sind die Dinge, die nie passiert sind. Ich bemerke ein Funkeln in deinen Augen. Sie meinen, ich hätte etwas Unpassendes gesagt. Sie denken, dass ich zurückgehen und erklären muss, dass zumindest das, was uns widerfahren ist, eine Ausnahme von der Regel darstellt. Ah, süße kleine Vestalia , hast du deine eigene Bemerkung hier in diesem Raum vergessen? „Es ist überhaupt nicht wie im wirklichen Leben", sagten Sie; „So geschehen die Dinge im Märchen." Ich stehe zu dieser Definition. Wir haben uns bewusst von den sogenannten Lebenswirklichkeiten distanziert. Wir verwerfen sie, schneiden sie ab und lehnen es ab, irgendetwas mit ihnen zu tun zu haben. Wir erklären, dass es ein Märchenland ist, in dem wir leben, und dass wir uns bis ans Ende unserer Tage weigern, daraus herauszukommen."

Vestalia blickte ihm mit wehmütiger Zärtlichkeit in die Augen. „Bis ans Ende unserer Tage!" sie murmelte leise und verwundert. Dann erinnerte sie sich an die noch unvollendete Aufgabe. „Ich habe den Namen Peaussier angenommen ", zwang sie sich fortzufahren, „weil es eine Übersetzung meines eigenen Namens war. Ich habe im Wörterbuch nachgeschaut und festgestellt, dass es sich um das französische Wort für Skinner handelte."

David hob die Brauen. „Du meinst nicht –", begann er verwirrt.

"Ja;" sie kam seiner Frage zuvor. „Der alte Herr im Savoy ist der Bruder meines Vaters. Mein Vater war Abram Skinner. Er war kein glücklicher Mann und in seinen späteren Jahren auch kein sehr netter Mann. Er war immer arm und hatte gegen Ende noch andere Probleme. Bei der Erinnerung an mein Zuhause schauderte ich. Ich bin davongelaufen, nachdem meine Mutter gestorben ist, und jetzt ist er auch weg. Ich habe den Namen geändert, um mich von der ganzen elenden Sache zu befreien. Und wenn ich dann an die wunderbare Chance denke – über meinen eigenen Onkel zu stolpern, einen Mann mit Vermögen, Bildung und dem gütigsten Herzen der Welt – ist das nicht das Außergewöhnlichste, was jemals auf dieser Welt passiert ist?"

„Es könnte sehr wahrscheinlich sein, dass es als außergewöhnlich angesehen wird – draußen in der sogenannten Welt", stimmte David nachdenklich zu. „Aber es ist genau das, was man im Märchenland erwarten würde. Ja, auf den ersten Blick scheint es ein segensreiches Ereignis zu sein. In mancher Hinsicht ist es gut für einen, von einem reichen Onkel entführt und besessen zu werden. Aber von anderen – es drängt sich der Zweifel auf, Vestalia , ob dein Onkel den Feen gegenüber wohlwollend eingestellt ist. Standardöl eignet sich nicht ohne Anstrengung für das Fantastische. Was ist, wenn dein Onkel dich winkt, aus dem Märchenland herauszukommen?"

„Und dich zurücklassen – meinst du das?" fragte Vestalia langsam. „Das würde davon abhängen – davon abhängen, wie sehr du wolltest, dass ich bleibe."

David streckte seine linke Hand aus, um ihre zu ergreifen, wo sie auf dem Tuch lag. Mit der Rechten zog er seine Uhr heraus. „Der Name Skinner", sagte er, „ist für die Leute im Savoy in Ordnung." Es ist kein passender Name für Sie. Ich verstehe Ihren Drang, es aufzugeben, voll und ganz. Das Mittel, das Sie gewählt haben, war zweifellos das Beste, was sich im Augenblick bot, aber ich glaube, ich weiß es besser. Ich muss dich jetzt verlassen und in die Stadt eilen . Das ist Montag. Liebe Liebe, am Donnerstag beanspruche ich den ganzen Tag von Dir. Wir werden hier um acht frühstücken – es ist noch nicht zu früh, oder ? – oder besser gesagt, um acht werde ich Sie auf der Westminster Bridge treffen. Der Tag muss dort beginnen, nicht wahr? Und – seltsamerweise – der Donnerstag ist sozusagen ein weiterer Geburtstag von mir."

„Und von mir auch?" fragte sie mit einem Leuchten in den Augen.

KAPITEL XII.

Am frühen Nachmittag des Donnerstags ging David Mosscrop mit Adele an seiner Seite auf schattigen Kieswegen unter Rosenbögen und dem gefiederten Blätterdach aus Zedern hoch oben spazieren.

„Oh, es ist alles in Ordnung. Der Kellner wird herauskommen und uns sagen, wann es fertig ist“, sagte er beruhigend und kommentierte ihren Blick zurück. "Ich will mit dir sprechen. Unterwegs gab es kein Wort mit dir allein.“

„Na ja, wir haben jede Minute geredet“, protestierte sie.

„Ah ja, wir haben geredet, aber ich kann mich nicht erinnern, dass irgendetwas gesagt wurde.“

„Ich wage zu behaupten, *dass mein* Gespräch bis auf den letzten Grad leer ist“, bemerkte sie; „Aber mir bleiben solche offenen Tatsachenbehauptungen normalerweise erspart.“

„Ah, aber ich möchte als etwas anderes als das Übliche angesehen werden“, drängte David.

„Ihre Bemühungen in dieser Richtung waren außerordentlich erfolgreich. Beten Sie, denken Sie nicht, dass sie nicht gewürdigt werden. Ich gebe offen zu, dass Sie das Ungewöhnliche scheinbar völlig ausgeschöpft haben, mein Lord.“

"NEIN; Ich habe noch etwas im Ärmel“, sagte David leichthin. Aber der Ton, in dem sie diese letzten beiden Worte ausgesprochen hatte, erregte seine Aufmerksamkeit. Sie brachten eine Andeutung von Betonung zum Ausdruck, die über die Grenzen freundlicher Scherzerei hinausging. Während er darüber nachdachte, warf er ihr einen verstohlenen Blick zu und begegnete zwei hellwachen schwarzen Augen, die ihn abwechselnd aufmerksam musterten . „Es ging darum, dass ich Sie um Rat fragen wollte“, fügte er mit verlegener Zunge hinzu.

„Wäre es nicht besser, bei der Landschaft zu bleiben?“ Sie fragte. Ja, in ihrer Stimme lag zweifellos ein spöttischer Unterton. „Das ist ein so sicheres Thema. Dieses liebe alte Hotel hier, wie vollkommen befriedigend es ist! Diese wunderbaren Bäume vorn und der weiße Kreidehügel dahinter und dieser Garten und dann der Komfort und der Charme von allem drinnen und der Gedanke, dass die Menschen schon seit Hunderten von Jahren hierher kommen, oder sind es Tausende? – das ist es so anders als alles, was wir in Amerika haben – sogar in Kentucky. Und dann die ganze Fahrt von London – durch solch ein köstliches Land, alles so reichhaltig und sanft und ordentlich zusammengepackt und so erfüllt von der Vorstellung, dass die Leute ständig pflanzen und beschneiden und jeden Zentimeter davon bewundern, dass man nicht anders kann Fühle selbst Zuneigung dazu! Vielleicht *liegt da* ein gewisser Hauch von Künstlichem darin, aber irgendwie scheint das doch eher zeitgemäß als sonst zu sein, nicht wahr, Mylord?"

Während er mit einer Antwort zögerte, berührte sie ihn am Arm. „Hier kommen Papa und Mr. Linkhaw hinter uns her – wahrscheinlich um uns zu sagen, dass das Mittagessen fertig ist. Sollen wir nicht auf sie warten?"

„Himmel, nein!" rief David und machte sich auf den Weg. „Wir sind seit zwei Stunden auf dem Dach der Kutsche an sie gekettet", fuhr er fort und erklärte seine Herzlichkeit defensiv. „Wir haben uns wirklich das Recht auf ein paar ruhige Worte verdient."

„Oh, das macht *mir* nichts aus", sagte Adele und beschleunigte ihren Schritt, um sich seinem anzupassen. „Aber es ist fair, Sie zu warnen, dass mein Temperament seine Grenzen hat. Ich bin ein variabler Mensch. Manchmal kommt es vor, dass ich eines Witzes auf einmal überdrüssig werde, nachdem er eine gewisse Länge erreicht hat, und dann kann ich so unangenehm sein, wie sie es tun .

„Ich stelle fest, dass mein eigener Sinn für Humor dazu neigt, bei längerer Anstrengung nachzulassen, wenn ich älter werde", sagte David. „Aber es gibt so viele Höflichkeiten auf dem Wasser – vielleicht würde es Ihnen nichts ausmachen, diejenige anzugeben, die Sie besonders ermüdet, und ich werde sofort meinen Fuß darauf setzen."

„Oh, auf keinen Fall! Das wäre viel zu grob. Wir sind alle Ihre Gäste, und Sie sind für die Unterhaltung verantwortlich, und es wäre mir nicht im Traum eingefallen, etwas vorzuschlagen."

„Außer dass es dir keinen Spaß mehr macht", wagte David vorsichtig.

"Oh. gar nicht." Sie sprach mit oberflächlicher Mattigkeit und täuschte ein leichtes Gähnen vor. „Ich glaube, das ist alles unglaublich lustig, nur dass ich heute Morgen früher aufgestanden bin als sonst, und das hat meinen Verstand zweifellos etwas getrübt."

David erkannte sofort, wie die Dinge standen. „Ich bin auch zu einer extravagant frühen Stunde aufgestanden",55 sagte er, und es geht um meine Gründe dafür, die ich Ihnen sagen möchte. Aber lassen Sie uns zunächst einmal offen miteinander umgehen. Ich habe nichts anderes getan, als einer Situation zuzustimmen, die Archie und Sie für mich geschaffen haben. Es lag in Ihrer Macht, es jederzeit zu beenden. Es war die ganze Zeit über viel mehr dein Witz als meiner. Es ist nicht fair, mich dafür zu beschimpfen, dass ich nur Ihre eigene Vorstellung von Sport belustige ."

Adele blieb einen Moment stehen und betrachtete mit hochgezogenen Brauen sein gefasstes, dunkles Gesicht. „Du hast also die ganze Zeit gesehen, dass *ich es* wusste!" rief sie ehrlich überrascht aus.

„Wie hätte ich mir vorstellen können, dass eine so ungeschickte Leistung wie meine eine so kluge junge Frau täuschen würde?" er kam mit einer lebhaften Verbeugung zurück.

„Oh, das hast du furchtbar gut gemacht", versicherte sie ihm selbstgefällig. „Aber sagen Sie mir, hatte Archie den Verdacht, dass *ich* es wusste?"

„Ich war mit Archie von der Wiege an vertraut ", sagte David, „aber ich bin immer noch sehr schüchtern, wenn es darum geht, mir eine Meinung über seine mentalen Prozesse zu bilden." In diesem Fall kann man jedoch mit Sicherheit sagen, dass er keinen Verdacht hatte – und immer noch keinen Verdacht hegt."

„Armer alter Archie", sinnierte Adele mit einem immer reifer werdenden Lächeln. „Ich wusste, wer er war, bevor ich ihn überhaupt gesehen hatte. Eine Schulfreundin von mir in Galveston schrieb mir, dass sie einen echten Earl getroffen hatte, der darauf bestand, Mr. Linkhaw genannt zu werden , und dass er über Kentucky nach England zurückkehren würde. Ich hatte drei Monate lang den seltensten Spaß daran, nie zuzugeben, dass ich auch nur den geringsten Verdacht hegte. Sie können sich nicht vorstellen, wie komisch es war. Er war manchmal ziemlich weinerlich, weil ich die Aristokratie so heftig beschimpft habe. Und dann, der Witz war, begann Papa – seine ganze Vorstellung von Konversation besteht darin, heute aufzugreifen, was ich gestern gesagt habe, meine Worte mit hundertzwölf zu multiplizieren und das Ergebnis als sein eigenes hervorzubringen; und er steigerte die Hetze gegen den Earl, bis Archie beinahe in chronische Melancholie verfiel. Es war besser als jede Komödie, die jemals geschrieben wurde – aber dann ist man mitten hineingestolpert und hat alles verdreht und durcheinander gebracht – und seitdem war es nicht mehr so amüsant."

„Meine liebe Miss Skinner", protestierte David, „ich denke, mein Erscheinen am Tatort verdient eine sanftere Verbform." Wenn Sie in Ihrer Erinnerung suchen, werden Sie feststellen, dass ich auf ausdrückliche Einladung gekommen bin. Du warst es, der mir absichtlich meine Schein-Ehren auferlegt hat."

„Oh, das weiß ich", antwortete sie bereitwillig. „Ich dachte, das würde die Sache nur noch lustiger machen – aber irgendwie ist das nicht der Fall. Es geht nicht um Archie und mich, wissen Sie. Aber es gibt noch einen weiteren Aspekt des Falles, der mir sehr am Herzen liegt. Es beschäftigt mich schon seit Tagen, aber die Wahrheit habe ich erst letzte Nacht erfahren. Ich habe einfach Papa *dazu gebracht,* es mir zu sagen. Ich weigerte mich völlig platt, heute hierherzukommen oder irgendetwas anderes Vernünftiges zu tun, es sei denn, er *sagte* es mir. Ich habe hier in England einen Cousin, Mr. Mosscrop , eine Tochter des Bruders meines Vaters, und sie ist eines der liebsten Mädchen, die je gelebt haben."

„Das kann ich durchaus glauben", erklärte David und deutete mit einer leichten Kopfneigung an, was er meinte.

„Oh, sie ist viel netter als ich", rief Adele. „ *Sie* würde sich nicht mit den Gefühlen des Mannes, den sie liebte, auseinandersetzen oder ihm nur zum Spaß Streiche spielen. Tatsächlich gebe ich ihr fast die Schuld, dass sie solche Dinge zu ernst nimmt. Sie hat es nicht gerade leicht gehabt, das arme Mädchen, und es hat sie, glaube *ich*, insgesamt *zu* bescheiden gemacht. Mitten in ihren Schwierigkeiten lernte sie einen jungen Mann kennen, der ihr gegenüber höflich und sogar freundlich war, und was bleibt ihr anderes übrig, als sich einfach hinzusetzen, die Erinnerung an ihn zu verehren und sie hübsch zu schreien blaue Augen darüber – und er – er geht weg und denkt nie wieder an sie. Das ist der *Mann* !"

Ein Schimmer der Empörung blitzte durch die Feuchtigkeit in ihren eigenen Augen, als sie sie auf ihren Begleiter richtete. Ihr Busen hob und hob sich umso mehr, als sie ein breites Lächeln bemerkte, das sich auf seinem Gesicht ausbreitete.

„Auch wenn ich bei Einzelheiten zurückhaltend sein könnte", sagte er und unterdrückte die Fröhlichkeit, die in seiner Stimme rang, „darf ich nicht so tun, als würde ich das von Ihnen gezeichnete Porträt nicht erkennen . Ich bin der Schuldige!"

„Du lachst darüber!" rief sie aus. „Für dich scheint es ein Witz zu sein!"

„Sind Sie so sicher, dass darüber nicht irgendwo ein Witz versteckt ist?" schlug er ruhig vor.

„Ich verliere die Geduld mit dir! Du machst aus allem einen Scherz. Sagen Sie mir so viel: Kennen Sie ihre aktuelle Adresse oder kennen Sie sie nicht?"

„Ich weiß genau, wo sie sich gerade befindet", sagte David und sprach jetzt mit Ernst.

„Nun, und warst du dort, um sie zu sehen? Hast du ihr dort geschrieben? Haben Sie ihr, seit sie hier ist, auch nur das geringste Zeichen gegeben, dass Sie den Wunsch hegen, sie jemals wiederzusehen?"

„Ich fürchte, ich muss auf jede Frage mit „Nein" antworten", antwortete er und hatte die Anmut, den Kopf hängen zu lassen.

Seine offensichtliche Demut beeindruckte sie nur für einen Moment. „Ich bin von dir enttäuscht", sagte sie. „Wo findet man eine süßere oder wahrhaftigere Frau? Glaube nicht, dass ich sie dir an den Kopf werfe! Ganz im Gegenteil. Wenn Sie jetzt nach ihr fragen würden, würde ich mit aller Kraft von Ihnen abraten. Aber Sie haben sich wie ein Einfaltspinsel benommen. Ich werde dafür sorgen, dass sie immer bei mir oder in meiner Nähe lebt. Sie ist mein eigenes Fleisch und Blut, und ich liebe sie, als wäre sie meine Schwester. Sie weiß noch nicht, dass ich mir der Beziehung bewusst bin; aber ich habe ihr noch heute Morgen geschrieben und ihr gesagt, sie solle mich heute Abend besuchen kommen, wenn ich zurückkomme. Ich werde etwas Geld in Schottland ausgeben."

„Es wird sehr geschätzt werden, glauben Sie mir."

Sie schniefte über seinen Einwurf. „Ich habe vor, rechts und links in Elgin Land zu kaufen, und wenn Skirl Castle nicht gut genug ist – davon halte ich auf den Fotos nicht viel her –, bauen wir ein größeres und bauen den ganzen Abschnitt summen; und Vestalia wird eine so große Erbin sein, wie sie enthält, und der glückliche Mann, der sie heiratet, wird wie ein Bruder von mir und Archie behandelt. Und das ist es, was Sie weggeworfen haben. Ich sage es Ihnen ganz offen, denn für Sie ist alles vorbei. Sie wird mir zuhören, und ich habe mich ganz entschieden – und Papa kann dir sagen, was *das* bedeutet!"

„Selbst wenn Ihre Entscheidung nicht unwiderruflich wäre", sagte David feierlich, „wäre meine Antwort notwendigerweise dieselbe. Ich würde viel tun, um Ihnen zu gefallen, aber ich sehe keine Möglichkeit, Ihre Cousine zu heiraten."

Sie hatten innegehalten, um diese letzten Sätze auszutauschen, und in diesem Moment kamen der Earl und sein älterer Begleiter herbei. David versuchte dem Edelmann ein aufschlussreiches Augenzwinkern zuzuwinken, aber es fiel auf die steinigen Stellen in Lord Drum-pipes verwundertem Blick.

Mr. Skinner wischte sich höflich über die Stirn und atmete anerkennend über das Anhalten aus. „Sir", begann er und wandte sich an David, „ich muss davon ausgehen, dass ich die Gelegenheit genieße, einen Bezirk Englands zu studieren, der von der Natur besonders begünstigt und auch durch die Hand des Menschen außerordentlich verschönert wurde; aber ich möchte über alles, was ich an mir beobachte, Gefühle ungemeiner Freude zum Ausdruck bringen. Wir haben die Innenausstattung des alten Gasthauses besichtigt und , Sir, die luxuriösen, aber sorgfältig regulierten Schönheiten dieses Gartens genossen , und ich gestehe, dass die Neuheit des einen und der Charme des anderen alles bei weitem übertreffen –"

„Papa", warf seine Tochter mit kalter Strenge ein, „wir lassen diese Herren bitte ein paar Minuten lang allein, um die Neuheiten und Reize zu genießen."

Ich muss Ihnen eine Erklärung geben, da sie sonst niemand anbietet, und ich denke, sie sollte nicht länger aufgeschoben werden."

Während sie sprach, nahm sie den Arm ihres Vaters und führte ihn in direkter Linie über die Wiese zur breiten, tief liegenden, mit Efeu bewachsenen Rückseite des Hotels. „Oh, es ist alles in Ordnung; „In England macht es ihnen nichts aus, wenn man über das Gras läuft", hörten die beiden jungen Männer sie sagen, als sie ging.

Diese Täuschungspartner blickten ihr eine Weile nach. Dann sahen sie sich an.

„Davie, es gefällt mir nicht", sagte der Earl.

„Was gefällt dir nicht?"

„Ich fürchte, sie hat eine Ahnung. Es sieht so aus, als ob in ihr ein Verdacht aufkeimt. Ich habe dich gewarnt, dass sie ein Gespür für Düfte hat."

Mosscrop brach in schallendes Gelächter aus. „Du Idiot von der Erde", schrie er, „sie wusste alles über dich, bevor sie dich jemals gesehen hat!" Zur großen Verwunderung und Besorgnis des Grafen erzählte er sofort die lachende Erzählung.

„Warum dann, Mann", ejakulierte Drumpipes schließlich und starrte angestrengt auf den kurz geschnittenen Rasen, „ich kann nicht im Geringsten sagen, ob sie mich nur um meiner selbst willen liebt."

„Oh, das hast du in irgendeinem Roman gelesen", wandte David ein. „Es ist nur eine Phrase; es hat im wirklichen Leben keine Bedeutung."

"Ja; „aber", fuhr der andere niedergeschlagen fort, „ich sehe nicht ein, wie ich sicherstellen kann, dass sie mich in irgendeiner Weise liebt."

„Auf jeden Fall wird sie dich heiraten", versicherte David ihm. „Sie erwähnte die Tatsache mir gegenüber beiläufig. Und sie wird Elgin rechts und links aufkaufen und ein neues Skirl Castle bauen, so groß wie Olympia, und im Allgemeinen alles andere nördlich der Grampians „klein singen" lassen – ich glaube, das ist die Phrase."

Der Earl nahm diese Nachricht mit leuchtendem Auge auf. „Mann, es ist in Ordnung!" er weinte, als sich die Aussicht vor seinem geistigen Auge ausbreitete. „Ah, armer Davie, du weißt nicht , was es heißt, verliebt zu sein!"

Mosscrop seufzte. „Wenn du Schottisch sprichst, Archie", sagte er, „weiß ich, dass es mich Geld kosten wird. Ich gehe davon aus, dass Sie sich über die Rechnung lustig machen werden. Aber beeil dich, Mann, und hol sie ein. Sie ist durchaus in der Lage, aus dem Haus zu rennen und auch ihren Vater mitzuschleppen, während der Anfall auf ihr lastet; und das würde nur noch mehr Mühe bedeuten, sie zurückzulocken. Aufleuchten!"

Er machte sich in zügigem Tempo an die Verfolgung, und Drumpipes schritt eifrig neben ihm her. Sie überholten ihre Gäste schon auf der Schwelle der Tür, und der Earl rief atemlos und flehend: „Adele!" Nachdem das Mädchen nachgedacht hatte, drehte sie sich um und musterte das Paar mit strengem Blick.

„Warte einen Moment, Papa", sagte sie in ihrem kältesten Ton; „Einer dieser beiden Herren scheint sich berechtigt zu fühlen , mich mit meinem Vornamen anzusprechen, und hat uns offenbar auch etwas mitzuteilen."

„Nun", stammelte Drumpipes zögernd, „es ist ein furchtbar gutes Mittagessen bestellt, wissen Sie."

Mosscrop stieß ein abruptes, hallendes Lachen aus und zeigte in der Stille, die darauf folgte, heftige Muskelanstrengungen, um zu verhindern, dass sich ein Grinsen auf seinem Gesicht verzog.

Adele bewahrte eine Weile die Strenge ihres Aussehens. „Ich denke, es könnte *Ihnen in den Sinn kommen* , Lord Drumpipes ", begann sie und richtete ihre Bemerkungen deutlich an den rechtmäßigen Träger des Titels, „dass nach dem, was passiert ist – und in diesem Punkt kann ich Ihnen versichern, dass mein Vater genauso denkt wie ich." Tun--"

Sie blieb hier stehen, mit der Wirkung, dass sie ihren Vater um sofortige Bestätigung ihrer unflexiblen gemeinsamen Haltung bat.

„Ich brauche kaum zu bemerken", begann Mr. Skinner, hob seinen *Zwicker* und blickte von der Türschwelle aus streng auf die beiden jungen Männer herab, „dass meine Tochter, welchen Weg auch immer, es für vereinbar mit ihrer Würde hält." Angesichts der außergewöhnlichen und, wie ich mit Zuversicht hinzufügen darf, beispiellosen Umstände, denen wir uns stellen müssen, habe ich meine unerschütterliche Zustimmung."

In diesem Moment öffnete ein Kellner die Tür nach innen und überlagerte Mr. Skinners Schlusswort mit einer klaren Botschaft, germanisch in ihren Unwesentlichkeiten, aber im Großen und Ganzen menschlich in ihrer Bedeutung.

Der alte Herr schnappte nach Luft, spielte mit den Fingern an der Schnur seiner Brille herum und neigte seinen Kopf seitlich zu seiner Tochter. „Ja, aber was *werden* wir tun?" erkundigte er sich in einem nervösen Flüstern.

"Tun?" rief Mosscrop , der ihren Blick in seinem eigenen gefangen hatte und ihm latente Heiterkeit vorwarf: „Tust du? Warum wir über eine harmlose Höflichkeit, die glücklich endet, lachen und zum Mittagessen übergehen."

„Ja, Papa", sagte Adele nachdenklich und mit einem beginnenden Lächeln auf den Lippen, „ich denke, das *ist es* , was wir tun werden." Als sie sich um den Tisch im Privatzimmer herumstehen sahen und durch die offenen französischen Fenster auf den herrlichen, sonnendurchfluteten Garten blickten, aus dem sie gekommen waren, nutzte Mosscrop den Moment des Zögerns bezüglich der Sitzplätze, um seine Hand zu heben. Auch wenn er seiner geliehenen Würde beraubt worden war, vermittelte er problemlos die Miene natürlicher Befehlsgewalt.

„Ich muss Sie um ein oder zwei Minuten Verspätung bitten", sagte er. „Es wird sich von selbst erklären."

Während er sprach, schrieb er etwas auf eine Karte und reichte sie dem Kellner mit einem streng gehüteten, eindringlichen Flüsterton. Als der Diener den Raum verließ, wandte sich David mit strahlendem Gesicht den anderen zu.

"Herr. „Skinner", begann er, „und meine jüngeren Freunde, es gibt einen Trinkspruch, den man in England immer im Stehen trinkt." Es kommt mir in den Sinn, es Ihnen bei dieser einzigen Gelegenheit vorzuschlagen, bevor wir überhaupt unsere Plätze eingenommen haben. Wie mit charakteristischer Scharfsinnigkeit festgestellt wurde, sind die Umstände, denen wir uns stellen müssen, außergewöhnlicher Natur und völlig beispiellos. Dank der Freundlichkeit meiner Freunde wurde mir für kurze Zeit die Verantwortung übertragen, mich in bestimmten Abständen so zu verhalten, wie sich ein Mitglied des schottischen Adelsstandes verhalten sollte. Im Nachhinein betrachte ich mein Verhalten während dieser Tortur mit einem beträchtlichen Maß an Zufriedenheit. Ich habe keine Mühen gescheut, um meine Vorstellung von der Rolle zu verwirklichen . Das Wesentliche an einem erfolgreichen Adelsstand ist meines Erachtens, dass er für gewöhnliche Augen mit einem Glanz der Unwirklichkeit ausgestattet sein sollte. Ein Baron sollte spürbar romantisch sein. Wenn ein Viscount seinen Stand respektiert, sollte er sich durchaus in den Nebel des Unwahrscheinlichen hüllen. Ein Earl sollte ehrlich gesagt im Märchenland leben. Meine Fantasie beschränkt sich nicht auf Marquisen und Herzöge, aber ich glaube, ich kann sagen, dass ich das Ideal eines Earls begriffen habe."

„Das wahre Ideal eines Earls", warf Drumpipes voller Inspiration ein, „besteht darin, Lebensmittel niemals kalt werden zu lassen."

Mosscrop lächelte und nickte. „Nur noch eine Minute", sagte er. „Ich habe über das Märchenland gesprochen. Ich war die ganze Woche in seinem Bann. Ich habe mich für den Rest meiner Tage seinem Charme verschrieben. Wenn Sie heute Abend nach London zurückkehren, Richtung Norden, ist es Archie, der Sie fahren wird. Stattdessen gehe ich südwärts in das Loire-Land, unter der Magie des Zaubers, der mich gleichzeitig lockt, führt und antreibt.

Um mit den Rätseln aufzuhören, liebe Leute, ihr werdet bemerken, dass hier ein fünfter Ort vor uns liegt. Um diese Tatsache mit dem Trinkspruch zu verbinden: Der Sitz wartet auf *meine* Königin. Dies ist Sherry, dekantiert aus dem ältesten Behälter des „Anchors". Ich schlage Ihnen vor, Ihre Gläser zu füllen."

Während er sprach, ging er auf die Tür zu, öffnete sie und drehte sich mit Ves-talia auf dem Arm zu den anderen um.

"Herr. Skinner", sagte er sanft. „Wir brauchen Ihre Zustimmung für das, was wir getan haben. Wir wurden heute Morgen um zehn Uhr vom Standesbeamten von St. Dunstan getraut, und Ihre Nichte kam direkt mit dem Zug hierher und brachte ihr Gepäck und mein eigenes mit, das ich, Gott sei Dank, in Zukunft immer zusammen reisen werde. Wir lieben uns sehr, sehr."

Hier fiel auf die männliche Vision das Schauspiel zweier Frauen, die sich in den Armen umschlungen hatten, und zweier wunderschöner Köpfe, einer rabenschwarz, der andere wie Licht durch trüben Bernstein leuchtend, zärtlich aneinandergebeugt. Von dieser schwankenden, ineinander verschlungenen Gruppe ertönte ein leises Stöhnen, dann Küsse und gedämpftes, ekstatisches Schluchzen.

Lord Drumpipes blickte geistesabwesend zwischen diesen Frauen und seinem Jugendfreund hin und her und trank geistesabwesend seinen Sherry. Währenddessen schilderte David in schnellem Flüstern seinem verwirrten Ohr die Situation.

„Äh!" rief er schließlich. „Es ist das gleiche Mädchen? Der Gelbhaarige? Derjenige, der meinen Elch zerschmettert hat ?"

„Halt die Klappe, du Idiot !" knurrte David heftig und leise. „Ist jetzt die Zeit, über solche Dinge zu plappern? *Ich habe* deine alte Kuh in Stücke getreten , und ich werde den Rest der idiotischen Show auf die gleiche Weise bedienen, wenn du das Wort „Elch" erwähnst. Lass es, Mann! Vielleicht sollten sich die Mädchen das in einem Jahr gegenseitig erzählen. Haben Sie eine Delikatesse bei sich!" Er drehte sich zu Mr. Skinner um, der wie versteinert dastand und seinen Blick auf die jungen Frauen richtete.

„Ich habe meinem Freund, Lord Drumpipes ", sagte David mit erhobener Stimme, „die romantische Natur meiner Bekanntschaft mit Ihrer Nichte, meiner Frau." Ich glaube, man hat Ihnen davon erzählt."

Mr. Skinner richtete seinen Blick auf den Sprecher. „Bis zu einem gewissen Grad – bis zu einem gewissen Grad", murmelte er schwach. „Es hat mich sehr überrascht. Ich weiß es kaum –"

David war auf ihn zugekommen und streckte ihm mit einem selbstbewussten, souveränen Lächeln die Hand entgegen.

„Ich nehme an, es ist alles in Ordnung", sagte der alte Herr und warf seiner unaufmerksamen Tochter verwirrte, bittende Blicke zu. „Adele scheint keine Einwände zu haben – ich gehe davon aus, dass –"

Adele hob den Kopf und legte schützend einen Arm um Vestalia . „Halten Sie Ihr Kinn hoch", flüsterte sie hörbar. „Sie sind kein Grund zur Angst. Du kennst jeden, außer deinem Cousin Archie, und er ist nur vor Kreaturen zu fürchten, die nicht zurückschießen können."

Die Braut schmiegte sich an die Schulter der anderen, hob ein strahlendes Gesicht und sah sich mit einem Lächeln offener Freude um.

"Erschrocken?" fragte sie und schüttelte dann freudig ihren schönen Kopf als Antwort.

Der Kellner kam mit der Terrine herein.

DAS ENDE.

www.ingramcontent.com/pod-product-compliance
Lightning Source LLC
LaVergne TN
LVHW041657190726
843493LV00007B/1849